부모-아동 반응성 상호작용 중심

RT 부모교육

김정미 저

Responsive
Teaching
Parent
Education

학지사

아이는 일상에서 씻고 밥 먹고 놀이하고 부모와 함께 이동하는 중에도 끊임없이 배운다. 아이가 하고 싶은 동기가 있는 상황이라면 바로 학습이 일어나는 기회가 된다. 왜냐하면 아동의 학습은 능동적 경험으로 일어나는 과정이기 때문이다. 그러나 어른들은 목적을 세우고 일부러 시간을 내고 미리 준비한 계획을 가지고 이루려 한다.

아동은 자신의 관심과 흥미를 인정해 주고, 함께 상호작용해 주는 어른을 좋아한다. 인간은 성장의 욕구가 있기 때문에 '나(self)'의 잠재능력을 성장시키도록 동기화된다. 아동은 자신의 행동에 반응해 주는 상대와 상호작용하고 싶어 하며, 그러한 대상이 부모라면 금상첨화일 것이다. 때로 아동의 모습을 보면, 부모의 사랑을 향해 얼굴을 활짝 펴는 해바라기 같다. 누구보다도 부모가 자신을 바라봐 주고 상호작용해 주는 것을 좋아하고 기대한다.

저자가 지금까지 어언 30년 부모를 매개로 하는 RT(반응성 상호작용 교수) 프로그램을 전하면서 느낀 것은 자녀의 현재 능력과 관심을 이해하고 그에 적합한 반응을 해 주는 부모가 있을 때 진정 아동은 부모와 우리의 기대 이상의 성장을 보여 주었다. 아동의 현재를 그대로 이해하고 인정해 주는 시작은 부모의 소망을 포기하는 것이 아니라 아동으로 하여금 자신감을 가지고 주도적으로 주어진 과제를 이끌고 스스로 변화시키는 에너지를 심어 주는 것 같다. 신기한 것은 아동은 이러한 상호작용에 즐거워하고 부모는 이렇게 즐거워하는 아이와 함께하는 것에 행복감을 보고한다. 양육은 하루 이틀만 하는 단기 과제가 아니다. 일상으로 이루어지는 장기 프로젝트다. 그러니 편하고 쉬워야 한다.

최근 영유아교육과 치료 분야에서는 '아동 중심 관점', '일상 중 상호작용'을 키워드로 강조한다. 조기 개입(Early Intervention: EI) 모형에서는 어떤 프로그램도 부모를 빼고 영유아의 발달과 교육의 성공을 설명하는 것은 무의미하다고 제언한다. 양적으로나 질적으로나 부모, 특히 엄마는 아동 발달에 중요한 요소다. 부모가 그것을 부인하고 우리 아이 발달을 전문가와 지내는 시간이나 어린이집(유치원) 교사에게만 의지한다면, 이는 부모의 영향을 대체하는 것이 아니라 그만큼 아이의 발달을 유예하는 것이라 보아도 지나치지 않다.

최근 어느 때보다 자녀교육에 관심이 많고 전문가들의 부모교육 프로그램도 다양하며 SNS를 검색하면 양육 정보도 넘쳐난다. 그러나 여전히 '내 아이', '내 상황'에 적합한 적용은 부모 혼자의 고민으로 남아 있는 듯하다. 이론적으로 좋은 부모교육 프로그램에 참여했지만 부모는 여전히 '잘 모르겠다'고 한다. 많은 교육이 부모에게 어떻게 하도록 일러 주고 있지만, 정작 수행할 주체자, 즉 아이는 고려하지 않는 것 같다. 아무리 아이에게 도움이 되는 것이라도 아이를 억지로 하게 하기는 정말 힘들다. 때때로 사람들은 자신이 상대에게 어떤 영향력을 행사하지 못할 때 좌절한다. 이는 아이들 입장도 마찬가지다. 부모교육은 부모 역할의 상대가 누구인지에 대한 인식과 주체자인 아동에게 통제감을 넘겨주는 절차라 생각한다.

RT 부모교육은 아동 중심 양육관과 아동 발달에 대한 올바른 이해를 돕고 부모로서 통찰(insight)을 일깨우는 데 목적이 있다. Mahoney 교수의 RT(반응성 상호작용 교수) 이론은 구성주의 아동관에 기반하여 이론적 틀에서부터 실행 적용까지 일관성 있게 잘 펼쳐 놓고 있다.

이 책은 RT 이론에 기반하여 부모의 역량을 키우도록 도와줄 부모교육 전문가들의 지침서로 활용되도록 구성하였다. 목차를 살펴보면, 먼저 제1부 이론적 이해 영역은 제1장 영유아기 부모교육의 의미, 제2장 영유아기 발달에 대한 이해, 제3장 RT 부모교육의 이론적 배경으로 RT 부모교육에 대한 이론적 이해 내용으로 구성하였다. 제2부 반응성 상호작용 전략은 제4장 주고받는 상호작용, 제5장 민감함 상호작용, 제6장 아동 주도적인 상호작용, 제7장 재미있는 상호작용으로, 반응성 상호작용 전략을 소개하고 일상에서 적용할 수 있는 반응성 상호작용 방법으로 구성하였다. 그리고 제3부 반응성 상호작용 확장은 제8장 반응 확장, 제9장 반응적 훈육, 제10장 반응적인 부모에 대한 재고찰로, 반응성 상호작용 이론과 방법의 확장 적용 내용으로 구성하였다. 그리고 제4부 RT 부모교육 운영은 제11장 RT 부모교육 계획, 제12장 RT 부모교육 프로그램 실제로, RT 부모교육 전문가로서 현장에서 RT 부모교육 수행을 위한 지침과 운영 계획에 대해 제시하였다.

Mahoney 교수의 RT 이론은 학지사를 통해 『RT 반응성 교수 교육과정』으로 2007년 번역본으로 출간되어 2012년, 2021년 두 번의 개정을 거쳐 사용되고 있고, 본서 『RT 부모교육』은 2013년 처음 출간하고 이번에 학지사를 통하여 개정 출간하게 되었다. 이번에 본의 아니게 급하게 개정하는 일정에도 공백을 최소화하도록 기꺼이 허락해 준 학지사 김진환 사장님과 빠르게 지원해 준 김순호 편집이사님 그리고 꼼꼼히 살피고 디자인해 준 이세희 연구원에게 감사함을 전한다.

그리고 RT 부모교육 전문가로서, RT 발달중재사로서 본서를 누구보다 활용하고 싶어 할 우리 김미영 선생님의 쾌차를 믿고 기다리며, RT 이론을 부모에게 전하면서 '한 가정을 살린다는 마음으로 해 왔다'는 그의 소명을 하루 빨리 현장에서 더 많은 부모와 아이들에게 이어 갈 수 있기를 간절히 기도한다.

아무쪼록 본서가 우리나라 어머니들에게 바람직한 양육 가이드를 제공하고 일상에서 자녀와 반응적인 상호작용으로 편한 육아, 행복한 부모가 되어 궁극적으로 아이의 건강한 발달을 지원하고 행복한 아이를 돕는 부모교육 전문가 지침서가 되기를 기대한다.

2022년 2월
저자 김정미 올림

제2부

반응성 상호작용 전략

부모-아동 반응성 상호작용 중심 … RT 부모교육

제4부

RT 부모교육 운영

제1부

이론적 이해

부모가 되고 자녀를 양육함은 인류의 시작과 함께 시작된 고유 기능이지만 '부모교육'이란 개념은 근대 이후에 형성되어 현대에서 활발히 사용되어 왔다. 특히, 최근 영유아 관련 접근에서는 부모의 개입이 아동의 기능을 최대화시키는 데 중요한 요소임을 널리 인식하고 있다. 반응성 교수(RT) 모형(Responsive Teaching Model)(김정미 역, 2008; Mahoney & McDonald, 2007)은 자녀와 일상적인 상호작용 상황에서 부모가 아동의 발달에 적합한 방식으로 반응적인 상호작용 전략을 사용하도록 촉진함으로써 일상 중에 아동의 중심축 발달 행동 사용을 증가시켜 궁극적으로 아동 발달을 촉진하고자 한다. 다음에서는 영유아기 부모교육의 의미, 영유아 발달의 이해 그리고 반응성 상호작용의 이해에 대해 살펴보고자 한다.

제1장
영유아기 부모교육의 의미

1. 부모교육의 개념

미국에서 1920년 이후부터 부모교육의 개념이 사용되었고, 1965년 Head Start 운동이 일어나고 많은 유아교육 프로그램들과 가정 학습의 연계성이 검증되면서, 유아교육 프로그램은 부모교육을 실시하고 현장에 부모를 참여시켜야 한다는 점에서 강조되었다. 최근 아동 발달에서 부모-자녀 간 상호작용 유형 및 질적 특성의 중요성을 인식하면서 교육 및 치료 프로그램에서 부모의 참여를 강조하며 가족-중심 접근을 실행하고자 한다. 실제로 부모는 아동과 이미 강한 정서적 유대를 가지고 있고 아동에게 양적 및 질적으로 중요한 영향을 미치기 때문에 영유아 발달을 위해서 부모가 일상생활에서 자녀의 발달을 촉진하고 바람직한 상호작용을 할 수 있는 지침은 매우 필요하다.

『유아교육사전』에서는 부모교육이란 이미 성인이 된 사람들이나 예비 부모들을 위한 일종의 성인교육으로 볼 수 있다고 정의하고 있다. 부모교육은 자녀의 양육이나 교육, 가정생활의 개선 등에 관한 지식을 얻거나 일반교양을 높이기 위한 것을 목적으로 한다(한국유아교육학회, 1996). 부모교육의 목적은 부모 자신의 자아실현과 부모 역할 수행에 변화를 일으켜 가정에서 부모들의 자녀 양육에 효율성을 높이며, 최근에는 부모의 양육 스트레스를 줄이고 정신건강을 증진하기 위한 것이다. 부모교육의 대상은 부모의 역할 면에서, 자녀의 양육과 관계되므로 부모교육자나 부모교육 전문가, 자녀를 둔 부모와 예비 부모, 그리고 자녀가 모두 대상이 된다. 그러므로 부모교육은 "부모교육자의 자질 향상과 부모의 역할 수행에 변화를 일으키기 위하여 부모 교육자와 부모 또는 예비 부모, 그리고 자녀를 대상으로 부모의 문제나 자녀의 문제를 내용으로 모든 교육적인 방법을 동원하여 교육하는 활동"이라 정의할 수 있다(장대운, 1997).

여기서 '부모'란 생물학적 부모와 입양이나 이혼한 부부의 재결합 등에 의해서 맺어진 자녀와 일차적 관계에 있는 사람을 칭한다. 부모는 자녀를 바르게 양육하고 교육해야 할 책임이 있다. 부모로서의 책임은 다소 정의하기 어려울 수 있지만, 단순히 자녀에게 필요한 것을 충족시켜 주고 양질의 교육을 제공하는 것보다 큰 의미를 가진다. 우리는 어떤 아동이 사회에서 적절하지 못한 행동을 했을 때 "저 아동의 부모는 어떻게 교육한 거야"라며 그 아동의 행동에 대해 부모에게 질타의 초점을 돌리곤 한다. 이는 자녀의 행동에 대한 중요한 책임이 부모에게 있음을 의미한다. 그러나 부모는 부모의 입장에서 자녀를 잘 키우고 바람직하게 이끌고 싶지만, 원하는 방향으로 자녀가 잘 따라와 주지 않는다고 호소할 수도 있다. 따라서 부모교육은 부모만을 대상으로 효과적으로 자녀 양육을 하도록 정보를 제공하는 지식의 차원으로만 한정되는 것이 아니라 부모-자녀 관계의 관점에 초점을 두어야 할 것이다.

현장에서 부모교육은 광범위하고 다양한 의미로 사용되고 있으며, 이에 따라 다양한 의미의 용어들이 부모교육과 혼용하여 사용하고 있다. 대표적으로는 부모교육(parent education)이란 용어와 혼용되어 사용되는 용어로서 부모 훈련(parent training), 부모 참여(parent participation), 부모 개입(parent involvement), 부모 지원(parent support), 부모 역할(parenting) 등이다. 각 용어들은 약간씩 다른 개념으로 사용되고 있다.

1) 부모 훈련

부모 훈련(Parent training)은 부모교육과 비슷한 의미로 사용되는데 구체적 절차와 개입이 있을 때 '훈련'이라는 용어를 사용한다. 예를 들면, Dinkmeyer 와 Mckay가 체계화한 STEP(Systematic Training for Effective Parenting)은 단계적 부모교육 프로그램을 통해 부모에게 자녀 양육의 방법과 결과를 알도록 제시하고 있다. 또한 Gorden의 PET(Parent Education Training)는 부모-자녀 간의 바람직한 관계를 증진시킬 수 있는 여러 가지 기법을 통해 효율적인 부모의 역할을 촉진한다(김영옥, 2011).

2) 부모 참여

부모 참여(Parent participation)는 교육 프로그램의 계획과 실천, 평가, 수정 등 모든 단계에 부모가 참여하는 것으로서, 특히 부모의 결정 권한이 강조되는 개념이다. 부모 참여에 활용되는 실제적인 운영방법은 비형식적인 방법과 형식적인 방법으로 구분할 수 있다. 비형식적 방법은 부모와 교사의 등·하원 시 이루어지는 간단한 면담과 전화 면담 및 메모지 교환 등이 있다. 형식적 방법으로는 사전 계획에 의해서 이루어지는 수업참관, 부모회 혹은 강연회와 같은 집단모임, 부모면담 등을 들 수 있다.

부모 참여란 부모가 가족생활에 영향을 주는 특정 프로그램의 구성 및 운영에 직접 참여하는 것을 뜻한다. 부모 참여 프로그램의 목적은 특정 기관의 프로그램 결정권자로서 전문가와 지식 또는 정보를 교환하며 책무성을 받아들이게 하는 데 있다. 유아교육 프로그램에 부모를 참여시키는 것은 오랫동안 유아교육기관 교사들의 목표였다. 부모는 유아교육기관에서 중요한 자원으로 활용되어 왔고, 다양한 방법으로 교사를 보조해 왔다(오영희, 엄정애, 1999; 김진영, 김정원, 전선옥, 2005 재인용).

3) 부모 개입

부모 개입(Parent involvement)은 부모 참여와 유사하게 사용되기도 하는데, 부모가 교육기관과 긴밀한 유대를 유지하면서 아동을 바르게 이해하고 교육의 질을 높이기 위하여 학습현장에 직접 개입하는 것을 의미한다. 부모는 영유아 교육기관에서 중요한 자원으로 활용되며, 다양한 방법으로 영유아 교육에 개입하게 된다. 부모 개입의 유형은 프로그램 정책 수립자로서의 개입, 교사로서의 개입, 학교나 영유아 관련 시설의 지원자로서의 개입 등으로 분류된다.

Stevens와 King(1979)은 부모 개입을 다섯 단계로 구분하여 제시하였다(정계숙 외, 2018).

- 1단계: 청중으로서의 역할-정보를 받아들이는 청중의 입장에서 최소한의 개입
- 2단계: 교사로서의 역할-공식적 교육환경 이외에서 또는 가정에서 자녀의 교사로서 개입
- 3단계: 자원봉사자로서의 역할-특별한 능력을 요구하지 않고 단지 부모 참여 활동을 돕거나 조직하는 봉사자로서 개입
- 4단계: 훈련된 봉사자로서의 역할-정규적으로 훈련받은 준교사 혹은 요원으로서 개입
- 5단계: 정책결정자로서의 참여-프로그램 방향 설정에 부모가 직접 개입

부모 개입이란 용어는 부모 참여와 유사하게 사용되기도 하는데, 부모가 교육기관과 긴밀한 유대를 유지하면서 아동을 바르게 이해하고 교육의 질을 높이기 위하여 학습현장에 직접 개입하는 부모 참여란 용어 이외에 부모 훈련과 부모 개입이 있는데 부모 훈련은 부모교육과 대체하여 사용될 수 있고, 부모 개입은 부모 참여와 비슷하게 쓰이고 있다.

16

4) 부모 지원

부모 지원(Parent support)은 친지로부터 받는 도움을 비롯하여 지역사회 내의 각종 학부모회, 교육기관, 사회복지기관, 아동복지시설, 종교기관, 지방자치단체, 병원, 기업체, 기타 사회사업기관 등의 지원 혹은 지지를 의미한다.

5) 부모 역할

부모 역할(Parenting)은 자녀를 양육하고 보호하며 지도하는 과정으로 부모와 자녀 사이의 지속적인 상호작용으로 부모와 자녀를 변화시키는 것을 의미한다. 이는 비교적 최근에 나온 용어로 널리 사용되고 있는데, 자녀를 관리하고 육아하고 부모-자녀 간의 대화를 비롯한 자녀 지도에 포함되는 모든 반응, 활동, 기술을 총망라하는 것이라 하겠다. 부모 역할은 자녀를 양육하고 보호하며 지도하는 과정이다. 이 과정은 부모뿐만 아니라 아동의 신체적·사회적·정서적·인지적 발달에 영향을 주는 형제자매, 또래집단, 친척, 교사 등도 포함된다. 부모 역할은 어머니 역할(mothering)과 아버지 역할(fathering)이 포함된다(Bigner, 1989).

부모교육의 개념은 매우 다양하게 정의를 내릴 수 있으며, 부모교육에서 다루는 내용과 대상도 프로그램에 따라서 다양해진다. 부모교육은 일반적으로 이미 부모가 된 사람을 주요 대상으로 하지만, 자녀를 양육하는 데 직접적인 책임이 있는 사람, 예를 들면 조부모나 교사, 아동전문가 등이 그 대상이 될 수도 있다. 또한 자녀를 두지 않았으나 장차 결혼과 부모 됨을 전제로 하는 청소년들을 대상으로 하는 예비 부모교육도 부모교육의 한 형태로서 장래의 부모 역할 수행을 위한 교육 대상이 될 수 있다. 오늘날 부모교육이라는 의미로 사용되는 용어를 보면 강조점과 구조에 따라 가족교육, 가족생애교육, 부모 지원, 가족지원 등 다양하며 보다 세부적으로 아빠교육, 가족역량강화 프로그램 등 형태도 다양하다. 특징적인 것은 최근 부모교육의 흐름은 부모와 자녀 간의 상호작용에 초점을 두고 가족–중심적 접근을 시도하며 체계적인 부모 지원 프로그램을 적용하는 것으로 변화하고 있을 짐작할 수 있다. 이와 같은 흐름의 궁극적인 목적은 자녀의 발달의 중심을 아동에게만 초점을 두는 것이 아니라 가족에게 확장하고 가족이 문제를 예방하고 가족의 기능을 극대화하여 가족의 역량을 강화시키는 데 강조를 두고 있다.

2. 부모의 역할과 유형

1) 부모의 역할

아동이 성장하고 발달하면서 나타나는 극적인 변화는 쉽게 인식할 수 있다. 그러나 부모가 부모로서 배워 가는 변화와 발달해 가는 방식은 그리 분명하게 드러나지 않는 것 같다. 사실, 자녀들에게 나타나는 새로운 도전들 또는 이면에 숨어 있는 위험성들 때문에 부모는 변화하고 새로운 기술을 획득하고 또 부가적인 역할을 수행해야 할 필요가 있다.

부모들은 아동과 부모 자신의 요구에 대한 민감성을 키우고, 아동이 필요한 것을 요구할 때 그 요구 방식에 차이가 있다는 것을 인식하고, 목소리 톤, 타이밍이 중요하게 작용하며, 단호하면서 동시에 따뜻하게 대하는 방법을 익히고, 우리 모두에게는 좋은 날도 있지만 나쁜 날도 있다는 사실을 인식하고, 인내력과 불완전한 것에 대해 용기가 필요하다는 것을 경험을 통해서 배워 간다.

이 시기 부모의 역할을 크게 다섯 가지로 나누어 설명해 보면 다음과 같다 (Galinsky, 1987).

2. 부모의 역할과 유형

(1) 양육자

아동이 자람에 따라 부모는 단순히 먹이고, 입히고, 위험에서 보호하는 차원을 넘어 건강하게 자랄 수 있도록 안전한 환경과 가정의 정서적 분위기를 조성해야 한다. 아동은 성숙에 따라 스스로 할 수 있는 능력이 발달되어 가므로 부모는 지나친 간섭보다 일관성 있는 규칙을 제시하여 부모-자녀 간에 신뢰감과 애정이 증진되도록 노력한다.

(2) 훈육자

부모는 자녀의 행동을 조절하기 위해 해야 할 일과 해서는 안 될 일을 명확하게 가르쳐야 하고, 이때 자녀를 바르게 훈육하기 위해 상과 벌을 올바르게 사용하도록 해야 한다.

특히, 만 5~6세는 우리 나이로 미운 일곱 살에 해당되는데 이전까지 부모와의 강한 애착관계에서 벗어나 부모와 다르게 행동하기 시작하는 시기다. 인지능력이 발달하지만 비논리적이고 비체계적인 사고에 매달리면서 융통성이 없는 시기다. 제1반항기라고도 하는 이 시기를 잘 넘기기 위해서는 부모의 지혜가 필요하다. 우선 독립하고 싶어 하는 아동들의 마음을 인정하고, 인내심을 갖고 그들의 표현을 들어준다. 물론 아동이 원하는 것을 무조건 다 들어주는 것은 아니다. 아동이 억지를 부릴 때 그것이 왜 불가능한지, 대체물은 없는지 아동과 대화를 나누는 것이 좋다. 특히, 아동의 도덕적 가치관이 형성되는 시기이므로 무엇이 옳고, 그른지의 기준을 분명하게 제시해 주는 것이 필요하다.

영유아기는 호기심이 왕성하고 여러 가지를 시험해 보는 시기다. 아동의 자아가 성장하는 긍정적인 시기라는 인식을 가지고 명령하고 지시만 하기보다는 "이건 어때?", "이렇게 할까?" 등의 제안이나 대화를 통해 갈등을 줄일 수 있다.

(3) 자아 발달 촉진자

자아개념은 경험을 통하여 습득한 자기 자신에 대한 개념으로 주위에서 자신을 중요한 사람으로 인정해 줄 때 긍정적인 자아개념을 형성하게 된다. 자아개념 발달에서 중요한 요인이 되는 자존감의 발달은 성취감과 자율감에 기초하여 형성되며, 이는 부모의 양육태도에 따라 달라진다. 자존감이 높은 아동의 부모는 일정한 환경 내에서 자녀에게 자유를 허용하고, 따뜻하게 수용하는 경향을 보인다(이경희, 2002). 그러므로 자녀의 긍정적인 자존감을 위해서 부모는 자녀를 수용하고 존중하며 안정된 환경을 제공해 주도록 노력해야 한다.

(4) 주도성 발달 조력자

영유아기는 신체 성장과 근육 발달이 진행되고 자신의 몸을 스스로 조절할 수 있게 되면서, 주도적으로 행동을 하려고 하고 주변에 호기심을 갖게 된다. 자신이 할 수 있다는 긍정적인 사고는 자신에 대한 긍정적 자아개념을 형성시켜 주므로 부모는 자녀가 새로운 환경을 주도적으로 탐색하려 할 때 도와주고 지지해 주어야 한다. 아동의 끝없는 질문에 잘 응답해 줌으로써 아동의 지적 호기심도 충족시켜 주도록 한다.

(5) 학습경험 제공자

영유아기는 지적 · 정서적 · 사회적 능력을 발달시킬 수 있는 기초를 마련하는 시기로서 환경과의 경험을 통해 학습이 이루어지는 시기다. 따라서 부모는 자녀의 흥미와 능력에 적합한 풍부한 학습경험을 제공함으로써 전인적 발달을 도모해 준다.

최근 핵가족화, 어머니의 취업 증가, 가정에서의 교육담당 기능의 약화 등으로 영유아기의 많은 아동들이 가정을 떠나 새로운 학습의 장인 어린이집이나 유치원 교육을 받게 된다(심성경 외, 1998). 그러므로 영유아기 부모는 자녀에게 도움을 제공해 줄 수 있는 좋은 영유아 교육기관을 선택하는 것도 중요한 과제다. 특히, 영유아 교육기관에 자녀를 보낸 후에도 자녀가 교사와 또래관계를 잘 유지하고 행복해하며 발달의 각 영역에도 긍정적인 영향을 받고 있는지 잘 확인해야 한다.

2) 부모 상호작용 유형

과거에는 아동의 성격에 영향을 미치는 부모 유형에 관한 설명에 대해 일방적인 관계를 강조하였다. 즉, 민주적인 부모의 자녀는 독립적이고 협조적이며 이러한 유형의 부모는 아동의 인성과 발달에 긍정적인 영향을 미치는 반면, 권위주의적인 부모의 자녀는 수동적이고 자주적이지 못하고, 심지어 공격적이며 아동에게 부정적인 영향을 미친다고 보았다. 만일 부모들이 학창 시절에 가족규칙 중의 하나로 귀가시간을 정하여 강요받은 경험이 있다면, 예를 들어 어떤 집은 9시, 어떤 집은 12시, 때로는 정해진 규칙이 없는 집 등 가정규칙은 매우 다양하고 엄밀히 말하면 부모의 양육 관점에 따라 다르다. 그런데 동일한 부모의 양육관이라도 자녀의 태도에 따라 반응은 다르게 나타나기도 한다. 즉, A라는 학생은 사교적이어서 밖에서 사람들과 어울리기를 좋아한다면, 9시는 도저히 집에 귀가하기가 어려운 시간이고 매일 그 시간을 맞추기가 어렵고, 이러한 자녀를 보며 부모는 '부모 말에 순종하지 않는다'고 판단할 것이고, 자녀는 자신을 이해하지 못하는 부모가 야속할 것이다. 당연 부모와 자녀 간의 관계는 안정적이고 좋은 관계를 유지하지 못할 것이다. 한편 B라는 학생은 별로 외향적이지도 않고 유희에 관심이 없다. 그래서 학교수업을 마치고 집에 오면 5시, 학원교육을 마치고 오더라도 9시면 충분하다. 그러니 부모가 정해 놓은 규칙은 의미가 없을 것이다. 이렇게 부모 말에 순종적인 자녀를 보고 부모는 흡족할 것이고 자녀도 부모가 자신을 구속한다고 느끼지 않을 것이다. 이처럼 부모가 권위적이고 다소 지시적인 요인을 제공하더라도 자녀의 태도에 따라 그것은 구속일 수도 아무 영향 요인이 아닐 수도 있다. 따라서 부모의 유형과 아동에게 미치는 영향은 일방적이라기보다는 양방적이다. 발달심리학 용어로 '조화의 적합성(goodness of fit)'으로 설명할 수 있다.

　여러 자녀를 둔 부모들은 느낄 것이다. 자녀 중 어떤 아동과의 관계는 어렵지 않은데 유독 다른 아동이 있다. 그 아동과 상호작용할 때는 왠지 모르게 어렵고 힘들다는 느낌을 받는다. 상담실에 찾아온 부모 중에서 "나는 애가 셋인데 유독 이 아동과의 관계가 힘들어요"라고 호소하는 어머니들을 보면 어머니가 어렵다고 생각하는 그 아동에게 어떤 부적응적인 증상이 없음에도 불구하고 상호작용에 어려움을 가진다. 그래서 관계는 양방적이라는 것이다. 부모의 상호작용은 아동이 가지고 있는 기질과 상호적으로 영향을 미치게 된다. 예를 들면, 내가 아동을 임신했을 때 가족과 불화가 많아서 편하지 않은 감정을 가지고 있어서 우리 아이에게 이런 결과를 가져왔다고 하거나 또는 우리 아이는 장애가 있어서 아이가 하는 행동은 문제가 있고 그래서 좋은 반응을 할 수 없다고 일방적으로 단정할 수 없다.

　부모가 자녀에게 어떤 가족규칙을 요구하거나 하지 말라고 제한하거나 때로는 해야만 한다고 요청을 할 때 이것 때문에 종종 자녀와의 관계를 해치고 힘들게 만드는 경우가 많다. 하지만 어떤 부모도 속으로 "나는 너를 괴롭힐 거야 그래서 이렇게 힘든 과제를 주고 있는 거야"라는 생각으로 자녀에게 요청하거나 제한하지는 않을 것이다. 모두들 한결같은 것은 자녀가 잘되고 보다 발전적으로 성장하기를 위하는 것이다. 그러나 아이 입장에서는 그러한 지나친 애정이 부담스럽고 애정이 아닌 자신에 대한 거부로 이해하기도 한다. 부모는 자녀를 사랑하고 있고 항상 생각하고 있음에는 분명한데 그 표현이 잘 전달되지 않고 심지어 엄마, 아빠가 '자신을 미워한다'고도 생각한다. 그리고 부모 곁을 벗어나고 싶어 한다. 그렇다면 과연 나는 어떤 부모인가? 부모와 자녀 간의 상호작용 중심으로 부모 유형을 살펴보면 다음과 같다.

(1) 훈련자 부모

훈련자 부모는 아동이 못하는 것을 체크해서 엄격한 계획을 만들어 해결하도록 한다. 따라서 평소 상위 수준의 발달을 성취하도록 아동을 촉진한다. 칭찬이나 격려보다는 질책이 많다. 왜냐하면 현재 잘하고 있는 것은 이미 성취한 것이니 못하는 것을 체크하고 그것을 훈련하여 숙련시키는 것이 우리 아동을 잘 성장시키는 방법이라고 생각하기 때문이다. 이러한 부모들은 아동과 놀이하거나 일상 중에서 대화를 할 때 주로 "무슨 색이야?", "이게 뭐지?", "무슨 모양이지?"와 같이 아동이 어떤 언어능력이나 인지적 지식을 더 가지도록 촉진하는 경우가 많다.

고궁에서 민화부채 만들기 체험 행사가 있었다. 한지로 만들어진 부채에는 이미 본이 있어서 그대로 모사하거나 아니면 약간의 창의성을 보이며 그리 어렵지 않게 짧은 시간 안에 완성품을 만들 수 있었다. 옆에 초등학교 4학년쯤 되어 보이는 아동과 엄마가 참여하고 있었다. 그런데 다른 아동들과는 다르게 아주 조용하게 엄마가 일부 그려서 넘겨주면 아동이 또 일부 색칠을 하고, 또 자연스럽게 엄마에게 넘겨주면 엄마가 일부 완성하고 아동에게 넘겨주며 아주 협조적으로 작품을 완성해 가는 것이었다. 그 옆에 있던 다른 아동들과 엄마들은 "이 색으로 하자, 이 색이 좋겠다", "모델은 이 색깔인데", "아니 다르게 할래" 등등 작품을 어떻게 완성할 것인지에 대해 나름대로의 의견을 가지고 시끌벅적했다. 그러던 중 아동의 아빠가 오셨다. 아빠가 아동에게 "이건 네가 하는 건데 엄마가 하고 있네?"라고 질문하니 아동은 주저하거나 노여운 기색 없이 "응, 테두리는 어려우니 이것은 엄마가 해 줘야 해."라며 당연하게 대답했다. 아동의 학습은 시행착오를 겪으며 반복되는 실행이 있어야 숙련될 수 있다. 학습 성취를 위해서는 무엇보다 아동의 발달 수준에 맞는 눈높이에서 많은 수행의 과정이 필요할 것이다.

(2) 교사형 부모

교사형 부모는 아동과 함께 있을 때 무엇을 할지에 대해 아동이 아닌 부모가 결정하고 이끈다. 부모는 아동은 아직 어리고 미성숙하여 지름길을 알려 주고 중요한 것을 부모가 일러 줘야 시행착오 없이 잘할 수 있다고 믿는다.

그래서 아동에게 혼자 맡겨 둔다면 어떤 것도 이룰 수 없다고 생각한다. 아동은 매번 부모의 제안을 받고 혹시라도 아동이 무엇을 먼저 제시한다면 이후 엄마는 이내 다른 방안을 제시하여 아동의 주도를 무색하게 만든다. 부모가 주도하고 부모가 선택한 것에 따르도록 이끈다. 이러한 경우 아동은 자신감을 상실하고 유능하지 못하다는 생각에 위축된다. 부모는 분명히 아동에게 지름길과 좋은 방법을 가르친다고 생각하지만, 아동이 자기(self)에 대한 지각 없이 엄마의 지시에만 순종하여 나아간다면 진정한 의미의 학습은 이루어지기 어렵다. 아동들은 능동적으로 참여할 때 자발적인 반복이 일어나고 반복이 많아지니 숙련되어 궁극적으로 자기 학습으로 성취할 수 있다. 학습이라는 것은 스스로 통찰이 생길 때 가능한 것이다. 누구의 강압이나 필요에 따른 요구에 의해서 배워지지 않는다. 따라서 일상에서 아동이 능동적으로 참여하고 주도할 수 있는 기회를 자주 주는 것이 필요하다.

(3) 보모형 부모

부모형 부모는 아동에게 매우 따뜻하고 온정적인 태도로 대화하거나 상호활동을 한다. 하지만 끊임없이 먼저 제시하고 아동이 하는 것을 도와주고 싶어 하고 그래서 부모가 거의 수행하기도 한다. 솔직히 부모는 아동의 수행이 미숙하고 신뢰하기가 힘들어 항상 직접 보살피고 확인해 주려 한다. 아동은 아직 미숙하니 미리 경험한 부모가 잘 알아서 지름길로 인도해 주어야 한다고 생각한다. 그래서 엄마가 직접 해 주고 보살피고 항상 같이 한다. 이는 아동을 도와 성취를 이루려는 것 같지만 결국 아동의 능력을 과소평가하는 것이다. 부모는 온화한 목소리로 아동을 대하지만, "이렇게 해 볼까?", "그것보다는 이것이 좋겠다."라고 지속적으로 제안하고 강요할 수도 있다. 어떤 형태이든 아동들은 자신이 선택한 것이 아닌 어른의 흥미와 선택에 의한 것을 하도록 강요받을 때 그 자리를 벗어나려 하며 집중하지 못한다. 따라서 애정적인 부모라도 반응적으로 아동의 능동적 참여를 이끄는 부모 유형이라 할 수는 없다.

(4) 반응형 부모

반응형 부모는 아동의 관심과 흥미를 일순위로 중요시 여기고 아동의 현재를 그대로 가치 있게 여긴다. 아동이 현재 서툴러 보이는 수행을 보이더라도 그것은 아동 자체를 인정하고 비록 완성된 결과가 아니더라도 아동이 수행하도록 기다려 준다. 부모는 아동이 함께 활동하고 행동하도록 유지하고 촉진한다.

반응형 부모는 아동이 시작한 것에서부터 활동을 함께 해 나가기 때문에 아동의 능동적 참여를 이끈다. 그리고 아동이 시작하도록 기다려 준다. 따라서 반응적인 부모는 아동 발달을 촉진하는 데 무엇보다 중요하다고 말할 수 있을 것이다.

3. 영유아기 부모의 중요성

영유아기 자녀는 주로 일상에서 부모와 많은 시간을 보낸다. 이때 부모는 아동이 가지고 노는 장난감, 교구들 또는 유치원이나 어린이집에서 받는 자극들이 아동 발달에 중요한 영향을 미친다고 생각하기도 한다. 하지만 이러한 교육기관이나 도구들로부터 받는 자극을 통한 학습활동이 특별하다 할지라도 아동이 부모와 함께 하는 상호작용 속에서 갖는 경험은 궁극적으로 아동의 잠재능력을 최대한으로 성취할 수 있도록 돕는 중요한 자원이다. 아동이 현재 유치원이나 어린이집에 다니고 있거나 또는 장애가 있어서 특수교육 프로그램을 받고 있을 때, 물론 이러한 프로그램들이 아동 발달을 촉진하는 데 중요한 역할을 수행하는 것은 부인할 수 없는 사실이지만 부모가 아동에 관심을 가지고 얼마나 참여하고 있고 전적인 책임으로 인식하는가에 따라 그 영향력은 달라진다(MacDonald & Blott, 1974; Mahoney et al., 1998).

때때로 부모는 "우리 아동은 다른 아동과는 달라", "나는 유아교육을 전공하지도 않았는데", "우리 아동은 장애가 있어서 특수교육 전문가가 필요해"라고 생각할 수도 있지만, 그렇다고 부모의 영향력을 전문가나 다른 것으로 대체할 수 없다. 영유아기 발달에 가장 영향력 있는 전문가는 바로 부모다. 부모가 아동 발달에 대단히 중요한 역할을 수행한다는 데 대해 Mahoney(Mahoney & MacDonald, 2007)는 다음 세 가지 근거로 요약하여 설명하고 있다.

1) 사회-정서적 유대관계

모든 부모는 자녀와 특별한 사회-정서적 유대와 애착관계가 있다. 이는 어느 누구도 대신할 수 없고, 대신해서도 안 된다. 심지어 부모가 자녀와 함께 하는 시간이 직장이나 다른 일들로 인해 제한적일지라도, 어린 아동의 생활에 가장 강력한 영향을 미치는 유일한 역할은 부모에게 있다. 이러한 연대감은 어린 자녀가 부모와 함께 있는 것을 굉장히 좋아하기 때문이 아니라 어린 아동들은 다른 어른들이 말하거나 행한 것들보다 부모가 말하거나 행하는 행동들에 크게 영향을 받기 때문이다.

2) 능동적 학습 촉진자

영유아기 아동의 학습과 발달은 아동이 능동적으로 참여하는 상황에서 가능하다. 부모는 종종 아동의 능력을 향상시키기 위해 가르치고 좋은 유치원이나 어린이집 또는 다른 프로그램에 참여하도록 기관을 찾아보기도 한다. 그러나 아동이 새로운 정보나 상위의 발달기술을 익히는 것은 장소나 전문가 선생님의 질에 의한 것보다는 그것이 아동의 주의를 끌고 흥미롭고 신나할 만한 것이냐가 더 중요하다. 그것이 무엇이든지, 아동의 흥미를 무시한 채 부모가 선택한 것을 아동에게 가르치려 하거나 학습을 위해 부모나 어른이 일부러 제공하는 경험으로 성취될 수 없는 것이다. 어린 아동들이 새로운 정보나 기술을 습득하는 것은 아침에 일어나서 씻고 밥을 먹고 놀이하거나 차를 타고 이동하는 일상적인 일과처럼 쉬운 일에서 충분히 가능하다.

3) 즉각적인 피드백 제공자

학습의 효과는 아동이 학습할 준비가 되어 있는 바로 '그때' 어떻게 피드백을 받았는가가 중요하다. 부모는 아동이 능동적으로 동기화되었을 때 바로 '거기에' 있을 기회가 많기 때문에, 아동의 학습성취에 미치는 영향이 중요하다는 것이다.

부모가 아동 발달에 영향을 미치고 함께 상호작용하는 기회는 다른 전문가나 어른보다 대단한 것이다. 이러한 효과는 대부분의 부모들은 아동 초기 동안 아동의 생활에 지속적인 영향을 미친다는 사실에서도 나타난다.

4. 부모 개입 모형

1) 전문가 지향 모형

전문가 지향 모형(Professionally Driven Model)에서는 아동이 숙련된 전문가에 의해 계획된 활동이나 자극을 받을 때만이 교육은 효과적이라고 본다. 초기의 영유아 조기 개입(Early Intervention) 모형에서는 대부분 전문가들이 직접 아동과의 중재에 참여하고 부모는 거의 관여되지 않는다(Turnbull, Turbiville, & Turnbull, 2000).

만일 전문가들이 부모들에게 하도록 요구하는 것이 있다면, 이는 부모가 일상생활에서 실행하기 어려운 것을 하도록 요구하는 것이고, 이들은 부모들이 일상에서 자녀를 돌보는 일들과는 별개로 가정에서 부가적인 활동을 수행해야 하는 것들로서 부모는 가정에서 교사 또는 치료사의 역할을 요구받는 것이다.

2) 가족 지원 모형

가족 지원 모형(Family Support Model)에서, 조기 개입은 가족생활이 가능한 한 정상적으로 회복하도록 도와야 한다는 데 강조점을 둔다. 부모가 아동을 위해 해야 할 주요한 과업은 가능한 한 정상적인 부모 역할과 아동양육 과업을 수행할 수 있는 능력을 갖추는 것이라고 본다.

가족 지원 모형은 가족의 중요성에 관심을 두고 있으나, 직접적인 부모의 참여 없이 아동 발달을 효과적 촉진할 수 있다고 보는 면에서 전문가 지향적 모델에서의 중심 개념을 지지하고 있다고 볼 수 있다.

3) 가족-중심 모형

가족-중심 모형(Family-Centered Model)에서는 아동의 일상적인 생활 중에 부모가 함께하는 중재 활동을 계획함으로써 부모를 일차적으로 아동교육에 포함시킨다.

부모를 매개로 한 중재 모형은 다음과 같은 세 가지 사항을 강조한다. ① 부모는 아동이 발달상 문제가 있거나 그렇지 않든 아동 발달에 있어 동일하여 영향력이 있다. 학습에 있어 발달상 문제가 있는 아동들은 정상적인 발달을 하는 아동과 마찬가지의 방법으로 배운다. 단지 느릴 뿐이다. 부모는 다른 어른(교사나 친척들)보다 많은 시간을 함께하기 때문에 영향력의 기회가 누구보다 많다. ② 아동 발달에 대한 부모의 영향력은 다른 전문가에 의해 대체되고나 줄어들지 않는다. 이는 아동이 조기 중재를 받고 있더라도 줄어들지 않는다. ③ 부모와 자녀 간에는 생물학적·정서적인 독특한 관계가 있기 때문에, 아동 발달을 촉진하기에 유리한 관계를 형성할 수 있다.

〈표 1-1〉 일상에서 영유아와 부모의 일대일 상호작용 기회

	교사	특별 프로그램	일상 중 부모 (주 양육자)
1일 상호작용 내용	2시간 30분/ 4일/ 주	30분/ 1회/ 주	1시간/ 7일/ 주
직접 대면 시간/주	33분	25분	420분
연간	990분	750분	22,000분
상호작용 건수/년	9,900	7,500	220,000
상호작용 비율	4.5%	3.4%	92.1%

출처: 김정미 역(2021). (Mahoney & MacDonald, 2017). RT 반응성 교수 교육과정, p. 31.

제2장
영유아기 발달에 대한 이해

1. 아동 발달의 원리

발달에 관한 다양한 견해가 있음에도 불구하고 대부분의 발달심리학자들은 모든 어린 아동으로부터 발견되는 일반적 원리가 있다는 것에 동의하고 있다. 그러므로 아동을 잘 이해하기 위해서는 우선 아동이 어떻게 발달하는지 일반적인 아동 발달의 원리를 알아야 한다. 전형 발달을 하거나 또는 발달상 문제가 있거나 모든 아동에게서 발견되는 발달의 일반적 원리가 있다. 따라서 부모들은 자녀를 이해하려면 먼저 발달의 원리를 알아야 한다. 발달의 원리를 간략히 정리하면 다음과 같다.

1) 발달은 일정한 순서가 있다.

아동 발달은 일정한 순서로 이루어진다. 신체운동 발달은 일정한 방향으로 발달한다. 즉, 머리에서 발끝으로, 중심 부위에서 말초 부위로, 전체 운동에서 특수 운동의 방향으로 발달한다.

신체운동 발달뿐 아니라 심리적 특성의 발달도 일정한 순서에 따라 발달한다. 예를 들면, 언어 발달은 일어문, 이어문, 다어문의 순서로 발달한다. Freud는 성격 발달이 구강기, 항문기, 남근기, 잠복기, 생식기로 발달한다고 하였고, Piaget는 아동의 인지 발달은 감각운동기, 전조작기, 구체적 조작기, 형식적 조작기의 순서로 발달하며, 인지 발달이 이루어지는 연령에는 다소 개인차가 있으나 인지 발달의 순서가 뒤바뀌거나 생략되지 않는다고 하였다.

2) 발달은 연속적인 과정이지만 속도는 일정하지 않다.

인간은 수정의 순간부터 죽음에 이르기까지 끊임없는 변화의 과정을 겪으며, 누구도 이러한 변화과정에 역행하여 발달하지 않는다. 그러나 그 변화의 폭은 일정한 간격으로 이루어지는 것이 아니다. 즉, 발달은 연속적인 과정이지만 발달 속도는 일정하지 않다. 발달의 순서는 일정하지만 개인마다 발달의 속도, 끝나는 시기, 최종적으로 이루어지는 정점 등이 다르기 때문이다. 또한 특정 시기에 특정 영역이 급격히 발달하지만, 어느 시기에는 천천히 발달하기도 한다. 예를 들면, 키는 생후 2년 사이에 성인 키의 반이 되고, 4세가 되면 출생 시 2배가 되는 등 유아기까지 급격히 성장하여 이 시기를 제1성장 급등기라고 말하나, 그 후 아동기 동안 조금씩 성장하다가 청년기에 들어오면 제2성장 급등기를 맞아 급성장하여 청년기 말경 정점에 이르게 된다. 하지만 어떤 청소년은 키가 일찍 자라고 어떤 청소년은 늦게 자라며 키의 성장이 멈추는 시기가 다르고 자란 후의 키도 다르다. 이와 같이 모든 발달 특성에서 개인차가 있다.

3) 발달에는 결정적 시기가 있다.

발달에 있어 결정적 시기(Critical period)란 발달이 가장 용이하게 이루어지는 최적의 시기를 말한다. 인간 발달에는 결정적 영향을 미치는 시기가 있으며, 이 시기에 적절한 발달이 이루어지지 못하거나 좋지 못한 영향을 받게 되면 심각한 결손을 가져오게 된다.

동물행동학자인 Lorenz(1965)는 조류실험을 통해 각인(imprinting)현상이 있음을 증명하여 결정적 시기를 설명하였다. 각인이란 일정 시기 동안 경험한 것이 일생 동안 영구적으로 남는 현상을 말한다. Lorenz는 실험을 통하여 갓 부화된 새끼 오리가 알에서 깨어나서 13시간 동안에 처음 본 움직이는 물체를 따라다니며 이 반응이 영구적으로 나타나는 것을 발견하였다. 이 시기 동안 움직이는 물체를 전혀 보지 못한 새끼 오리는 어떤 대상과도 어울리지 못하고 죽을 때까지 혼자 고립되어 살았다. 이러한 각인현상은 오리와 유사한 다른 여러 조류(예: 기러기)에서도 발견되었다.

이러한 동물에게서 나타나는 각인현상과 결정적 시기가 인간 발달에게 있을 수 있다. 예를 들면, 임신 중 임산부가 풍진이나 매독 등에 감염되면 태아가 심장질환, 감각기관 이상, 지적장애 위험이 있다. 또한 생후 초기 3세 이전에 영아가 어머니 또는 주 양육자와의 관계에서 적절한 애착을 형성하지 못했을 경우 신뢰감과 같은 사회성 발달에 문제가 되어 성인이 되어서도 원만한 대인관계를 형성하고 사회에 적응하는 데 어려움을 겪게 된다.

4) 발달은 유전과 환경의 상호작용에 의해 이루어진다.

인간의 신체, 성격, 지능, 사회성 등 모든 발달 특성은 유전과 환경의 두 요인 간의 상호작용의 결과로 이루어진다. 어린 아동이 부모로부터 받은 유전인자는 환경의 영향에 의하여 그 잠재력을 발휘할 수 있으며, 환경 또한 어린이가 지닌 유전인자의 본질이 제한하는 범위 안에서만 발달에 영향을 미치게 된다.

2. 영유아기 발달에 대한 이론적 관점

부모가 되고 자녀를 양육함은 인류의 시작과 함께 시작된 고유 기능이지만, '부모교육'의 개념은 근대 이후에 형성되어 현대에서 보다 구체화되어 사용되고 있다. 현재 우리는 근대 심리학의 발전에 기인한 다양한 이론을 토대로 하여 다양한 부모교육 내용을 구성하고 있다.

만일 만 3세가 넘은 자녀가 또래보다 말을 유창하게 표현하지 못하고 너무 얌전해서 엄마 없이는 혼자서 또래와 놀지도 못한다면 어떻게 생각하겠는가? 어떤 부모는 "아빠도 말이 늦었다고 하니 유전인가 봐요. 기다리면 되겠지요?"라고 말하고, 또 어떤 부모는 "내가 임신 중에 책을 많이 읽어 주지 않아서 태교 자극이 없어서 그런 거 아닐까요?"라고 말할 수 있고, 또 다른 부모는 "유치원을 너무 늦게 보내서 말이 늦고 또래와 어울릴 기회가 없어서 사회성이 발달하지 못했나 봐요. 지금이라도 많이 가르쳐야겠지요?"라고 말한다. 또는 "우리 아이가 또래보다 말은 서툴러요. 그렇지만 현재 우리 아이가 할 수 있는 수준으로 반응해 주면 알아듣고 소통이 돼요."라고 설명하기도 한다. 이처럼 아동에게 나타난 동일한 행동을 보고 부모의 관점에 따라 해석하는 양상이 매우 다르다. 모든 부모들이 심리학에 대한 기본 지식을 가지고 있지 않더라도 아동의 행동에 대한 설명은 나름대로의 관점을 표현하는 것이고 이것은 바로 심리학 이론의 관점에 기인한다.

부모교육의 이론에는 많은 심리학 이론의 관점이 기저를 이루고 있다. 이 장에서는 구체적인 부모교육 모델의 적용과 이해를 돕기 위해 다양한 심리학적 관점 중 대변되는 세 가지 관점을 요약해서 살펴보고 RT 부모교육 프로그램의 근간 이론을 이해하고자 한다.

1) 정신분석 관점

(1) 주요 내용

정신분석 관점에서는 아동의 모든 행동은 인간 내면에 존재하는 강력한 내부 동인에 의해 동기화된다고 가정한다. 인간은 대부분 이처럼 인식할 수 없는 동기와 갈등에 의해서 움직이므로 아동이 나타내는 외현적 행동은 단지 표면적 특성일 뿐이며, 발달은 자신이 자각하지 못하는 무의식적 욕구의 표출과정으로 설명한다. 이러한 무의식적 욕구를 리비도(libido)라 칭하며, 인간에게는 자신의 생물학적 보존본능에 기인하는 내재된 공격성과 성충동 욕구가 있으며, 욕구 에너지인 리비도는 성본능에 의한 것이지만, 협의의 성욕에 국한된 것은 아니며 감각적 만족과 쾌감을 추구하는 본능으로 인간의 종족 보존과 생존을 위한 것으로 이해할 수 있다. 이러한 성본능은 전 생애를 거쳐 그 대상 부위가 옮겨 가며 그에 따라 부착된 여러 형태의 동기화된 행동들로 표현된다. 따라서 정신분석 관점에서는 인간 발달의 과정은 리비도가 충족되는 방식에 따라 다양하게 표출되며, 욕구 에너지(libido)의 흐름에 따라 단계를 거쳐 성격(personality)의 형성과정을 설명하였다. Freud는 이렇듯 성욕의 발달과정으로 인간의 성장 단계를 5단계, 즉 구강기, 항문기, 남근기, 잠복기, 생식기로 설명하였으며, 오이디푸스 콤플렉스가 해소되는 남근기(만 5~6세경)에 성격 형성이 완성되며, 신체적·성적으로 성숙해지는 생식기(청년기 초기)에 인간의 발달이 이론적으로 완료되는 것으로 보았다.

(2) 부모교육에의 시사점

생애 초기 어린 아동이 나타내는 행동의 상당 부분은 본능적인 욕구 충동에 의해 나타나는데, 부모의 양육 경험을 통하여 본능적인 욕구가 적절히 조절되고 억제되며 행동 양식을 배우고 아동 자신의 인격을 형성하게 된다. 부모가 과도한 억압과 통제지향적인 양육 방식을 택할 때 아동의 자연스럽고 건강한 에너지가 채워지지 않은 욕구와 해소되지 못한 갈등은 상처로 남아 있게 된다. 이러한 생애 초기 경험의 영향력이 이후 아동의 성격 발달에 지속적으로 영향을 미치게 된다. 정신분석 관점의 부모교육에서는 어린 아동에게 해소되지 못한 내적 상처가 남아 있지 않도록 다양한 행동 표출과 의사소통을 지향하는 양육 방식이 이루어져야 함을 시사한다.

따라서 부모는 자녀가 환상이 아닌 세상에 있는 실제 사물과 사람을 통해 두려움과 갈등을 해결하도록 도와주어야 한다. 부모는 자녀의 두려움과 불안, 갈등 상황이 어떠한지, 자녀의 성격이 어떻게 형성되고 있는지를 깊이 조망하고 이해하며 갈등 해소와 극복을 위해 노력해야 한다. 또한 성적 욕구와 공격적 성향의 표출 자체를 문제시할 것이 아니라, 그것이 어떠한 과거 경험의 산물인지 혹은 자녀의 개인적 환상의 결과인지 깊이 있게 이해해야 하며, 그러한 욕구의 표출이 다른 형태의 건강한 성취 욕구와 신체 에너지로 발산, 승화될 수 있도록 도와주어야 한다. 요컨대, 정신분석학적 관점에서는 아동에게 나타난 행동의 원인을 과거에서 찾고자 하고, 이러한 행동을 일으키는 힘의 원천은 무의식의 세계에 초점을 둔다. 현재 나타난 행동은 이전의 부모와의 관계를 어떻게 형성했느냐에 따라 크게 영향을 받는다고 본다. 예를 들

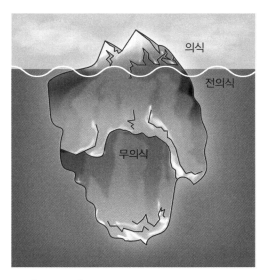

[그림 2-1] Freud의 무의식에 대한 빙산 모형

면, 생후 1년 이내 아기가 양육자와 민감하지 못하고 적절하고 신뢰롭지 못한 관계를 형성하게 되면 안정적인 애착관계를 형성하지 못하고, 이는 이후 발달에 부정적인 영향을 미친다고 본다. 그러나 부모가 아동의 행동에 대해 과거 어느 시점에 문제가 있었는지 그리고 그 과거의 문제를 간파하고 해결하기란 쉽지 않다.

2) 행동주의 관점

(1) 주요 내용

행동주의 관점에서는 아동에게 나타난 행동의 원인을 지금 현재 순간에서 찾고 해결하고자 하며, 아동이 나타내는 행동은 그 행동 뒤에 따라오는 보상체계 때문에 지속하고 있다고 본다. 따라서 행동분석을 통해 현재 행동이 일어나기 전 상황과 그 행동이 일어난 이후, 그 행동을 지속하게 하는 보상이 무엇인지 찾는 것이 중요하다.

행동주의 관점을 학습이론이라고 하는데, 여기서 '학습(learning)'이란 경험에 의하여 행동이 비교적 영속적으로 변화한 것으로 생득적이지 않고 후천적으로 습득된 것을 말한다. 학습이론은 아동이 '학습'의 경험을 통해 환경과 자

[그림 2-2] 학습이론가 Watson

신의 행동을 재구성하고, 발달·성장해 가는 것이다. 인간은 반사나 본능과 같은 생득적 본능 행동체계를 가지고 있지만, 이보다는 적응과 생존을 위해 얻은 후천적인 경험에 의해 만들어진 학습 기제(mechanism)가 중요하다고 본다. 학습은 사람들의 관찰 가능한 행동에서의 변화로 정의하고 사고나 정서와 같이 눈에 보이지 않는 행동은 학습이라 할 수 없다고 정의한다. 대부분 행동주의자는 실험실에서 동물 행동의 관찰을 통해 발견한 원리를 인간 행동에 적용하고 인간의 행동 변화와 학습과정에 일반화하고자 하는 설명에는 비판을 받기도 한다.

(2) 부모교육에의 시사점

학습이론에 의하면, 아동의 행동은 부모의 양육환경과 훈육 방식의 산물이다. Watson에 의하면, 인간의 모든 행동은 자극과 반응에 의해 학습된 것이다. 학습이론에 근거하여 유아기 자녀 양육에의 시사점을 살펴보면 다음과 같다.

첫째, 부모는 양육과정에서 아동의 발달 수준에 적합하고 일관된 정적·부적 강화 계획을 제공함으로써 아동 스스로 유사한 경험들을 분별하고 학습할 수 있는 조건(condition)과 환경(context)을 조성해야 한다. 따라서 조건화와 일반화의 학습 원리에 따르면, 반복적으로 조건과 환경에 노출되면, 아동은 그러한 선행조건이 아동의 행동 습득에 필요한 선행조건으로 일반화되고 조건화되며, 이후 유사한 조건화 과정을 통해서만 그 행동은 성취될 가능성이 증가하게 된다고 본다. 한편, 부모교육에서는 어린 자녀에게 처벌과 같은 부정적 억제에 의한 학습과정을 조건화시키기보다는 아동이 잘해 낸 성취에 대한 긍정적 강화(칭찬, 보상)를 더 많이 제공함으로써 아동 스스로 성취에 대한 차별화된 조건화를 긍정적으로 형성할 수 있도록 돕는 것이 필요하다.

둘째, Bandura의 사회학습이론에 의하면, 직접 경험을 통한 학습 외에도 관찰과 모방을 통한 대리학습과 모방이 교육과 사회화 과정에 중요한 학습 방법이 된다고 본다. 따라서 자녀가 다양한 매체와 교육환경에 노출되고 관찰을 통한 간접 경험을 할 수 있도록 모델링할 수 있는 기회를 제공해 주어야 한다. 구체적으로 또래와의 다양한 경험, 책 읽기를 통한 함께 생각해 보기, 보육과 유아교육 환경에서의 교육과정의 경험, 가정 내 부모와의 대화와 가족과 함께 식사하기, 함께하는 놀이 및 신체적 활동기회 제공 등 일상의 경험은 다양하다.

셋째, Seligman의 학습된 무력감 실험에 의하면, 반복된 좌절과 초기의 실패 경험이 조건화되어 유사한 상황에서 제대로 학습하지 못하거나 능력을 발휘하지 못하는 연합반응이 일어날 수 있다. 영유아기 자녀가 낯선 환경에서 새로운 적응과제에 도전할 때, 초기 경험이 긍정적 피드백으로 이어질 수 있도록 부모의 세심한 주의와 도움이 요구된다. 만일 초기 경험에 부정적인 측면이 있었다 할지라도 부모는 어려운 환경에 대처하는 아동의 문제 해결 능력을 북돋아 주는 긍정적 강화와 실패의 원인을 아동 자신의 능력으로 귀인시키지 않도록 주의해야 한다. 다양한 학습경험과 이에 대한 피드백을 통해 아동이 긍정적인 자아효능감(self-efficacy)을 형성할 때 비로소 학습은 바람직한 행동 변화와 결과물로 영향을 미치게 된다.

3) 인지 발달 관점

(1) 주요 내용

인지 발달 관점에서 인간은 능동적인 유기체로서 환경과 끊임없이 상호작용을 통해서 외부 세계, 자기 자신 그리고 자기와 외부 세계와의 관계에 관한 지식을 얻으며 성장해 간다. 따라서 아동은 태어날 때부터 발생학적으로 고유의 능력을 갖추고 태어난다. 그러나 이 능력은 독립적으로 존재하는 것이 아니라 환경과 상호작용하면서 발달해 간다.

Piaget의 인지 발달 이론에서는 아동은 선천적으로 논리적이며 지각적 구조와 범주를 지니고 있으며, 아동 스스로 발달할 수 있는 역량을 지닌 존재임을 강조하고 있다. 따라서 아동은 발생학적으로 신체적 성장과 정신적 발달을 위한 선천적 계획이나 청사진을 소유하고 있기 때문에 외부의 강압적 제한이 가해지지 않는 한 자연적으로 성장할 수 있다고 본다(장휘숙, 2002). Piaget 이론의 기본 개념은 도식(schema)으로서 이는 지식의 기본 단위로 유기체가 외계의 사물을 인지하려고 사용하는 '이해의 틀'이라 할 수 있다. 예를 들면, 아기는 출생 시에 몇 개의 반사 행동을 가지고 태어나지만, 출생 직후의 반복적 연습을 통하여 반사 행동들은 도식으로 전환되며 환경과의 접촉을 통해 고차적인 도식이 획득되어 간다. 따라서 어린 아동들이 갖는 모든 도식들은 환경과의 상호작용을 통하여 형성된 결과들이다. 발달에 대한 Piaget의 견해는 적응(adaptation)이란 생물학적 개념에 기초하며, 신체의 구조들이 외계 환경과 더 나은 적합을 이루고자 계속해서 일어나는 과정으로 본다. 그리고 아동 발달을 네 개의 단계, 즉 감각운동기, 전조작기, 구체적 조작기, 형식적 조작기를 거쳐 이루어지는 인지적 성장과정으로 설명하고 있다.

(2) 부모교육에의 시사점

영유아기 인지 발달은 영유아가 부모 또는 교사와 무엇을 하는가보다는 부모나 교사가 얼마나 많이 영유아에게 반응해 주는가와 더 밀접한 관계가 있다. 다시 말하면, 영유아가 어떤 것을 배우는가의 문제는 영유아가 특정 학습 경험이 있는가가 아니라, 얼마나 능동적으로 참여했는가에 달렸다. 만일 영유아가 주의를 갖고 실제로 참여하며 자신의 경험을 통하여 이해하고자 노력한다면 이전 지식과 비교하여 훨씬 더 많은 것을 배우게 될 것이다. 그러나 영유아가 활동에 능동적으로 참여하지 않는다면, 활동을 통하여 무엇을 배울 가능성은 매우 낮다고 보아야 한다.

Piaget의 인지 발달 학습 관점에서는 인지 발달은 능동적 참여 상황에서 이루어진다고 본다. 아동은 틀에 짜인 지식이 누적되어 발달해 가는 것이 아니라 아동 자신이 깨닫고 스스로 수정해 가는 활동을 통해서 발달한다. 따라서 어른이 주는 지식을 아동이 아무리 많이 외워도 자발성이 없다면, 그것은 아동의 인지 발달로 이어지지 않는다. 따라서 부모가 먼저 아동의 흥미와 관심에 초점을 두고 아동 주도에 따라 상호작용할 때, 아동은 스스로 환경을 탐색하며 자신의 환경에 존재하는 관련성을 발견하여 실험해 보고 문제 해결을 위한 기술, 사물, 다른 사람을 사용할 기회를 얻고 반복적인 연습을 통하여 자신의 현재 기술을 숙련하게 된다. 이것이 바로 학습의 성취로 이어지는 것이다. 따라서 부모는 아동의 학습 시작은 부모가 계획하고 바람직하게 계획해 놓은 방법에 의한 것이 아니라 아동의 흥미와 관심이라는 것을 인식해야 한다.

Seligman의 학습된 무력감 실험

학습된 무력감은 반복적인 학업실패가 누적된 결과, 자신이 철저하게 무능하다고 믿게 되는 부정적 자아 인지다. 학습된 무력감에 빠져든 아동은 자신이 무능하다고 믿게 되기 때문에 어떤 과업을 주면 실패할 것이라는 부정적인 기대를 하게 된다. 따라서 스스로 노력하기를 포기하게 되고, 이것이 다시 무력감을 강화시키는 악순환을 보이게 된다.

Seligman은 24마리의 개를 세 집단으로 나누어 왕복 상자(shuttle box)에 넣고 전기충격을 주었다. 제1집단의 개에게는 코로 조작기를 누르면 전기충격을 스스로 멈출수 있는 훈련을 시켰다(도피 집단). 제2집단은 코로 조작기를 눌러도 전기충격을 피할 수 없고, 몸이 묶여 있어 어떠한 대처도 할 수 없는 훈련을 받았다(통제 불가능 집단). 제3집단은 상자 안에 있었으나 전기충격을 주지 않았다(비교 집단).

24시간 후 이들 세 집단 모두를 다른 상자에 옮겨 놓고 전기충격을 주었다. 그러나 앞에서와는 달리, 상자 중앙에 있는 담을 넘으면 전기충격을 피할 수 있게 되어 있었다. 실험 결과, 전기충격 도피훈련을 했던 제1집단과 전기충격 경험이 전혀 없었던 제3집단은 중앙의 담을 넘어 전기충격을 피했다. 그러나 통제 불가능 집단에서 훈련을 받은 제2집단은 전기충격이 주어지자 피하려 하지 않고 구석에 웅크리고 앉아 낑낑대며 전기충격을 받아들이고 있었다. 이미 훈련과정에서 아무리 노력해도 전기충격을 피할 수 없음을 학습했던 제2집단 개들은 도망칠 엄두를 내지 못했던 것이다. 결국 통제 불가능한 상황에서 무력감을 학습하고 통제력을 상실함으로써 절망에 빠져 버린 것이다. 결국 아동의 절망도 학습되었다는 것이다.

출처: 박소현, 김문수 공역(2004).

3. 연령별 심리 발달과업

심리학자 Erikson(1963)은 인간은 일상을 살아가면서 각 발달 단계마다 겪게 되는 위기 상황이 있는데, 이러한 위기 상황에서 주로 상호작용하는 대상과의 관계를 통해서 이 발달 위기를 어떻게 극복하느냐에 따라 건강하게 발달하고 그렇지 못할 때 적절하지 못한 발달을 형성하게 된다고 설명하였다. Erikson의 심리사회적 발달과업에 대한 설명은 부모와 겪게 되는 사회적 관계를 통하여 그 시기에 중요한 발달과업 성취를 설명하였다는 점에서, 현대사회에서 강조하는 전 생애 발달 관점과 사회정서 역량의 중요성에 대해 의미를 가진다. 다음에서는 Erikson의 전 생애 주기별 심리 사회적 발달 8단계에 기초하여 부모교육의 시사점을 설명하였다.

1) 0~만 1세: 기본적 신뢰감 형성 시기(vs. 불신감 형성)

이 시기의 영아는 자신을 돌보아 주는 엄마 또는 주 양육자와 주된 사회적 관계를 경험한다. 이때 엄마 또는 주 양육자와 어떠한 상호작용을 경험하는가는 다른 대상과의 상호작용 형태를 결정하고, 나아가 주변 세계에 있는 대상과 신뢰로운 사회적 관계를 형성하는 데 기초가 된다. 이 시기의 영아는 주로 울음이나 본능적인 반사 행동(예: 손발 휘젓기 등)을 통해 자신의 욕구를 표현하고 양육자와 의사소통하게 된다. 이때 양육자가 영아가 표시하는 욕구를 민감하게 알아차리고 적절하게 충족되도록 잘 돌보아 주면 아기는 돌보아 주는 양육자를 신뢰하게 된다. 양육자가 영아와 상호작용할 때 수유로 물리적 충족을 주거나 신체적 접촉으로 애정 행동을 보이는 양육의 물리적 양보다는 양육자, 특히 엄마와의 질적인 긍정적 관계를 형성하는 것이 신뢰감 형성에 더 중요하다. 영아가 엄마와의 질적인 상호작용 경험을 많이 가질수록, 영아는 돌보아 주는 엄마에 대해 진정한 애정과 신뢰감을 형성하고 영아는 주변 세계가 안전하고 믿을 만하다는 신념을 점차 아동의 주변 세계로 확대해 가게 된다. 이처럼 생후 초기에 갖는 주 양육자와의 신뢰로운 관계 형성은 이후 영아가 성장했을 때 다른 사람과 원만한 대인관계를 맺는 데 결정적인 영향을 미친다. 한편, 그렇지 못할 경우, 즉 부모가 영아의 욕구에 대해 민감하지 못하게 무시하거나 일관되지 못한 반응을 하거나, 심지어 거부적이고 부적절하게 반응한다면, 영아는 양육자와 긍정적 관계를 형성하기 어렵고, 이는 아동이 주변 환경에 대해 두려움을 키우며 성장 후에는 다른 사람과의 관계에서 믿을 수 없다는 신념을 먼저 간주하게 된다. 따라서 생의 초기 양육자와 맺는 신뢰로운 관계 형성은 자녀가 영아기, 유아기 그리고 학령기를 통하여 성장해 가면서 부모와 맺는 신뢰로운 관계의 기초가 되고 이후 스트레스 없는 부모-자녀 관계를 만들어 가게 된다.

2) 만 1~3세: 자율성 형성 시기(vs. 수치심 형성)

이 시기의 영아는 여러 주어진 상황에서 스스로 해 보려는 자율성의 욕구를 갖게 된다. 만 1세 이전의 영아는 이행능력과 의사소통 능력이 아직 발달하지 않아서 누워서 울음으로 자신이 욕구를 표현해야 했다면, 이 시기의 영아는 이행능력이 발달하여 스스로 걷고, 달리고, 기어 올라가 자신이 원하는 것을 탐색하고 얻을 수 있으며, 간단한 언어로 자신의 의사를 표현하는 능력도 발달한다. 또한 운동능력과 근육통제 능력이 발달하여 대소변을 스스로 조절할 수도 있게 된다. 따라서 자신에게 주어진 여러 충동적인 사건들 사이에서 자신의 의지를 반영하여 선택하고자 하며, 이 시기 영아가 "내가, 내가", "안 해.", "아니야."라는 말을 자주 사용하는 것은 이와 같은 자율성 발달 시기임을 나타내는 증거다. 이 시기 영아에게는 자율성을 키우는 것이 건강한 심리 발달을 위해 매우 중요한 과업이다. 따라서 부모는 자녀가 원하는 것, 스스로 하고 싶다는 표현과 의지에 대해, 비록 그것이 아직은 서툴고 완전하지 못한 성과가 예측되더라도 수용해 주어야 한다. 영아가 자신의 잠재능력을 충분히 끌어낼 수 있도록 지지해 주며 영아의 자율 의지를 격려해 줄 때, 이러한 과정을 통해 영아는 자신이 스스로 하는 것에 자신감을 느끼며, 이후 자신이 주변 환경에 스스로 도전할 수 있다는 통제감을 키우게 된다. 부모는 먼저 이 시기 영아 발달에 대한 발달적 이해를 가지고, 영아가 스스로 시도하는 서툴고 불완전한 수행에 대해 발달과정에 적합한 수행임을 인식하고 지지해 주어야 한다. 한편, 부모가 자녀가 만든 서툴고 완전하지 못한 결과에 대해 비난하고 질책하거나 또는 자녀가 너무 어리다 하여 모든 것을 도와주어 완성하게 한다면, 영아는 바로 자기 자신의 미성숙한 능력에 대해 수치심을 가지거나 환경에 적절히 대처하는 능력을 배울 기회를 박탈당함으로써 자신에 대한 믿음을 키우지 못하게 된다. 영아기에 형성하는 자율성은 이후 아동의 인지학습 발달에 기초가 되는 자신감과 통제감을 키우는 데 매우 중요하다.

3) 만 3~5세: 주도성 형성 시기(vs. 죄책감 형성)

이 시기 유아는 유치원이나 어린이집을 다니기 시작하면서 양육자 외에 또래와 사회적 관계를 경험하게 된다. 그리고 급속도로 성장한 신체활동 능력과 언어구사 능력을 사용하여 적극적이고 능동적으로 외부 세계를 탐색하며 스스로 어떤 목표나 계획을 세워 목표지향적인 행동을 하게 된다. 이때 동생이나 친구들과 활발하게 놀이 활동을 하며, 다른 유아를 자신의 놀이에 참여시키고 다른 사람과 상호작용을 이끌어 가는 것에 흥미를 가진다. 때로는 무모한 일을 꾸미기도 하지만, 나름대로 목표나 계획을 세워 목표를 달성하고자 애쓴다. 이 시기에 부모가 유아가 세운 목표나 계획을 성취하고 탐색하며 실험해 보고 일상에서 실행해 볼 수 있도록 지지해 주고, 유아의 질문에 대해 충실히 답해 줄 때 유아는 주도성을 발달시켜 간다.

반면 유아가 하는 활동이나 언어 표현을 제한하며 간섭받고 부모가 이끄는 대로 따르도록 지시함으로써 유아가 자신의 계획이 잘 이루어지지 않는다는 경험을 할 때 유아는 좌절을 경험하면서 자신의 시도에 대한 죄책감을 느끼게 된다. 유아가 주도성을 형성하는 것은 이후 인지학습 과정에서 스스로 자신의 목표 수준을 설정하고 어떻게 도달할 것인지 과정을 계획하며, 주도적으로 학습을 이끌어 가는 능력을 형성하는 데 중요한 기초가 된다.

4) 만 5~12세: 근면성 형성 시기(vs. 열등감 형성)

이 시기는 초등학교 시기로 기초적인 인지 기능과 사회적 기능을 습득하게 되며, 가족 이외의 폭넓은 사회를 경험하는 시기다. 이 시기의 아동은 무엇을 스스로 알아내고 성취하는 것에 인정받고 싶어 하며, 자신의 능력과 가능성을 확인하면서 근면성을 키우는 것도 중요하다. 이전 시기의 유아가 주변 환경을 탐색하였다면, 이 시기의 아동은 사회에 필요한 유용한 기술이나 지식을 익혀 나간다. 그리고 이러한 기술이나 지식을 익히는 과정에서 성취감, 자기가 잘 할 수 있다는 유능감 그리고 타인으로부터 받는 인정은 근면성 획득에 중요하다. 근면성 획득을 위해서는 아동이 시도한 것이 가치 있든지 아니면 부족한 성취인지에 상관없이 아동이 수행한 것을 가치 있게 여기고 인정하는 것이 중요하다. 따라서 이 시기에 부모는 아동에게 무엇을 성취하도록 기회를 부여하고 아동이 성취한 결과를 그대로 받아들여 주고 인정하며 격려하는 것이 필요하다.

반면, 아동에게 성취할 기회를 주지 않거나 성취한 결과에 대해 비난하거나 아동의 수준에 비해 너무 무리한 요구를 함으로써 아동이 노력하였음에도 불구하고 좌절을 경험하게 되거나 자신이 인정받지 못한다고 느낄 때 열등감을 느끼게 되어, 이후 실제와는 달리 자신을 무능한 존재로 인식하게 된다. 근면성은 이후 학교생활의 적응과 학업 성취의 기초가 된다.

5) 청년기: 정체감 확립 시기(vs. 정체감 혼미)

이 시기의 청소년은 급격한 신체 변화를 겪게 되고 새로운 사회적 압력과 요구를 받게 되면서 지금까지 아무런 의심 없이 수용하였던 "나는 누구인가?"라는 추상적 질문을 하며, 자신의 존재에 대하여 새로운 의문과 탐색이 시작된다. Erikson은 이 시기의 자아정체감(self identity) 확립을 인생주기의 중심 과제로 보았다. 자아정체감이란 자기의 위치나 능력 또는 역할책임 등에 대해 일관되고 지속적인 확신을 갖는 것을 말한다. 이러한 의문에 대해 스스로 해답을 얻을 수 없을 때 고민, 갈등, 방황을 하게 되고, 이것이 길어지게 되면 정체감 혼미가 오게 된다.

이 시기에 긍정적인 자아정체감을 확립한 청소년은 이후에도 여러 가지 심리적 위기를 잘 극복할 수 있지만, 자아정체감을 확립하지 못한 청소년은 이후 계속 방황하게 된다.

제3장
RT 부모교육의 이론적 배경

1. Piaget의 구성주의 아동관

아동 발달에 대한 구성주의 관점은 Jean Piaget의 연구를 통하여 대중화되었다. Piaget(1963)는 어린 아동이 사물, 물체, 그리고 사람과 함께 놀이하는 동안에 보기에는 닥치는 대로 의미 없이 하는 것 같아 보이는 활동들이 그리 무의미한 것이 아니라는 것을 밝혀냈다.

또한 구성주의(constructivism) 관점에서는 아동 발달에 대해 두 가지 중요한 핵심 전제가 있다. ①아동은 선천적으로 자신의 행동 유형과 결과를 간파하고 다른 활동과 경험을 서로 연결시키는 능력을 지니고 있다. 선천적 능력이 뛰어난 아동은 선천적 능력이 별로 없는 아동들보다 능동적 학습경험을 거의하지 않고도 상위 수준의 사고와 추론능력으로 옮겨 간다. ②학습은 아동이 경험한 능동적 학습경험의 양에 의해 좌우된다. 따라서 구성주의 관점은 모든 아동들이 자신이 가지고 있는 선천적 능력 수준과 상관없이 사물, 도구, 그리고 사람과의 능동적인 상호 관계 활동을 통해서만 학습 성취가 일어난다고 본다. Piaget의 구성주의 관점에서 아동 발달의 관점을 정리하면 다음과 같다.

첫째, 아동의 인지 발달은 단계를 거쳐서 진행한다. 아동은 아동 특유의 방법으로 느끼거나 생각을 하는 독자적 존재로서 각 아동의 발달에 적합한 활동을 통해 발달을 촉진할 수 있다. 이러한 활동 방식은 아동이 성장함에 따라 변화하는데 이러한 변화는 아동이 사물, 도구, 그리고 사람과 상호작용하는 방식이 일차적으로 아동이 현재 자신의 세계를 지각하고, 추론하고 이해하는 방식을 반영한다. 그리고 상당히 예측 가능한 순서가 있다. 예를 들면, 어린 아동이 손에 닿는 사물을 계속해서 두드리는 것은 사물을 '두드릴 수 있는 물체'로 이해하고 인식하기 때문이다. 주로 용기 안에 사물을 넣고 빼면서 놀이하는 아동은 사물 간의 공간적 관계를 이해하는 데 초점을 둔 인지 기능 단계에 있다. 만일 아동이 의도된 기능에 따라 사물을 사용하기 시작하였다면, 인형의 머리를 빗기기 위해 빗을 사용하는 것은 사물이 독특한 기능이나 목적을 가진다는 것을 이해하기 시작한 것이다. 아동이 가장놀이 단계에서 장난감을 함께 사용하기 시작하는 것은 사물과 장난감이 현 상황에서는 불가능한 사건이나 행동을 표상하는 도구로서 사용될 수 있다는 것을 이해하기 시작한 것이다(김정미 역, 2008; Mahoney & MacDonald, 2007).

둘째, 모든 인지는 감각 운동 활동에 기초한다. 아동은 머리만으로 생각하는 것이 아니고 신체도 사용해서 생각한다. 그 사고는 논리적이라기보다는 직관적이며, 풍부한 상상력을 가지고 활동한다. 구성주의 접근에서는 학습에 대해, 특히 생후부터 7세 사이의 인지 발달은 아동에게 직접적으로 새로운 정보, 이를 테면, 사물 사용, 추론, 아동의 세계에 대한 이해 방법을 가르치는 것에 영향을 받지 않으며, 오히려 아동이 일과 중에 사물, 도구 또는 사람과 함께 놀이하고 상호작용하면서 겪는 개인적 경험의 정도에 따라 영향을 받는다(김정미 역, 2008; Mahoney & MacDonald, 2007).

셋째, 인지 발달은 능동적 참여 상황에서 이루어진다. 아동은 틀에 짜여진 지식이 누적되어 발달해 가는 것이 아니고 아동 자신이 깨닫고, 스스로 수정해 가는 활동을 통해서 발달한다. 따라서 어른이 주는 지식을 아동이 아무리 많이 외워도, 그것은 결코 아동의 인지 발달로 이어지지 않는다. 따라서 아동 발달의 모든 양상은 능동적 학습에 의해 적용된다고 보기 때문에, 부모는 자녀가 나타내는 발달적으로 적합한 행동을 인식하고 성취하도록 자녀를 촉진하고 지지하는 양육 방식을 가지는 것이 중요하다. 이것은 자녀가 나이에 적합한 행동을 하거나, 그렇지 못한 행동을 할 때에도 마찬가지로 발달적 의미를 가진다(Mahoney, 1999).

넷째, 개인과 환경과의 상호작용을 통해 이루어진다. 아동은 스스로 환경과 관계하여 주어지는 반응이나 응답에 따라 새로운 방법으로 관계를 맺어 가는 상호작용이 발달을 이룬다. 따라서 스스로 관계하려는 아동의 지적 호기심, 탐구심, 자신이 작용하여 실제 경험에 의한 자신감과 유능감이 중요하다.

요컨대, Piaget는 아동은 스스로 주도하는 활동에 참여하는 동안 친숙한 주위 상황에서 스스로 조작하고, 탐색하고, 그리고 실행하는 경험을 통하여, 자신의 세계에 대한 보편적인 이해를 발전시키며, 사회적으로 요구되는 적합한 행동과 기술을 획득해 나간다고 보았다. 따라서 인지 발달은 수동적으로 받는 것이 아니고, 아동이 능동적으로 구성한다고 본다.

2. Vygotsky의 비계로서 부모 역할

Vygotsky는 아동의 인지학습은 일차적으로 부모나 교사와 함께하는 일상적인 놀이 또는 활동에 참여를 통해서 이루어진다고 보았다. 따라서 아동 발달을 위해서는 이와 같은 일상적인 활동에 영유아가 능동적으로 참여할 수 있도록 격려해 주는 것이 중요하다. 효율적인 부모나 교사는 아동이 사회적 놀이나 활동에 참여하도록 지지하면서 비계(scaffolding)로서의 역할을 한다.

비계(Scaffolding)의 원용어 뜻은 새 건물을 건축할 때 사용되는 임시 지지대다. 이러한 비계는 건축공사가 다음 단계로 넘어가도록 일꾼들에게 지원해 주며 일반적으로 건축되는 구조물보다 약간 더 크다. Vygotsky(1978)는 아동 발달에 있어서 부모의 역할을 비계 역할로 설명하였다. 아동의 학습을 효과적으로 증진시키는 부모들은 아동이 현재 하는 행동보다 약간만 복잡한 자극을 제시한다. 그리고 아동이 스스로 자신의 능력을 발현할 수 있도록 지지자가 된다.

아동에게 있어서 일상 중 부모와 함께하는 놀이는 아동 초기 인지적 성장을 위해 가장 중요한 활동 중 하나다. 아동이 혼자서 놀이하기보다, 다른 어른, 특히 부모와 함께 놀이할 때, 어른이 매우 반응적으로 상호작용한다면 아동의 주도성, 탐색, 실행, 그리고 문제 해결 능력을 최대한 발휘하게 할 기회를 가진다. 부모가 아동과 상호적인 사회적 놀이를 많이 할수록, 아동은 더욱더 놀이 영역을 확장시키고 복잡하게 구성할 기회가 많아진다. 함께하는 사회적 놀이를 통하여, 부모는 아동이 다음 발달 단계의 사고와 추론을 위해 필요한 개념과 능력을 쉽게 만들어 내거나 발견할 수 있도록 아동의 마음에 씨를 뿌리고, 새로운 생각을 심어 주게 된다.

조기 개입(Early Intervention) 모형에서는 생의 초기에 부모와 가정환경이 아동 발달에 대단히 중요하다고 제언하였고, 영유아교육 프로그램에 부모가 적극 참여해야만 교육이 효과를 이룰 수 있다고 주장함으로써 아동 발달에 있어서 부모의 중요성을 강조해 왔다(McCollum, Ree, & Chen, 2000). 조기 개입(Early Intervention) 모형에서는 가족이 가지고 있는 효율성을 촉진하도록 고안된 서비스를 제공함으로써 아동의 기능을 최대화시키는 것을 강조한다(Mahoney & McDonald, 2007). 이와 같은 가족 중심 서비스 모형은 부모와 자녀 간의 관계와 관련한 태동을 변화시킴으로써 아동의 사회성, 의사소통 및 인지능력을 발달시키도록 촉진하는 상황을 제공하게 된다.

3. Mahoney의 영유아기 중심축 발달 행동

Mahoney(Mahoney & McDonald, 2007)는 아동의 능동적 참여는 학습 성취를 위한 근본이 되는 과정이며, 이러한 능동적 학습과정을 통하여 촉진될 수 있는 발달학습의 근본이 되는 역량으로서 '중심축 발달 행동(pivotal developmental behavior)' 목록을 제안하였다. 그리고 자녀와 일상적인 상황에서 부모가 아동의 발달에 적합한 방식으로 반응성 상호작용 전략(Responsive Interactive strategy: RIS)(예: 아동의 행동과 의사소통 모방하기, 아동의 주도에 따르기 등)을 사용하여 상호작용할 때, 아동은 중심축 행동 사용 비율을 증가시키며 이는 궁극적으로 아동 발달에 영향을 미친다.

반응성 상호작용 교수(Responsive Teaching) 이론(김정미, 2008, 2021; Mahoney & McDonald, 2007; Mahoney & Perales, 2019)에서는 영유아기 중요한 발달 영역으로서 인지, 의사소통, 사회-정서 발달에 근본이 되는 중심축 발달 행동을 16개로 목록화하여 설명하고 있다. 인지 영역의 중심축 행동은 함께 활동에 참여하는 사회적 놀이, 활동에 주도적인 참여, 사물을 다루거나 조사하는 탐색, 문제 해결, 그리고 활동을 실행하고 반복하는 능력이다. 의사소통 영역의 중심축 행동은 함께 활동에 참여, 공동 관심에 주의 기울이기, 자발적으로 음성 만들어 내기, 의도적인 의사소통, 대화능력이다. 그리고 사회-정서 영역의 중심축 행동은 어른과 신뢰, 상황이나 맥락에 적합한 방식으로 표현하는 감정이입, 어른의 제안과 요구에 대한 협력, 감정에 대한 자기 조절, 그리고 활동에 몰두하고 완수하기 위한 자신감과 통제감을 포함하고 있다. Mahoney(Mahoney & Perales, 2003)가 제안한 3개 발달 영역별 16개 중심축 발달 행동 목록은 〈표 3-1〉과 같다.

중심축 발달 행동(Pivotal developmental behavior)이란 아동이 발달기술과 수행능력을 배우는 데 사용하는 발달에 근본이 되는 역량으로서, 배워서 구성되는 것이 아니라 아동의 능동적 학습과정을 통하여 촉진될 수 있는 행동들이다. 이와 같은 행동들은 발달의 모든 영역들(인지, 언어, 사회-정서적 기능 등)에 포함되어 있는 것들로서 아동의 독립 행동기술(Discrete behavior skills)과 대립되는 개념으로 설명할 수 있다. 독립 행동기술이란 일반적인 발달목록 기록표나 검사 항목에 포함되어 있는 행동기술이라 할 수 있다.

반응적인 상호작용을 하는 어머니는 아동의 독립 행동기술(Discrete behavior

〈표 3-1〉 영역별 발달 목표 및 중심축 행동

발달 영역	발달 목표	중심축 행동
인지학습	• 아동의 인식, 이해, 논리적 사고능력 지지 • 이러한 능력을 매일매일의 일상 중에 사용하고 선택할 수 있도록 촉진	• 사회적 놀이 • 주도성 • 탐색 • 실행 • 문제 해결
의사소통	• 아동의 자신의 관찰, 느낌, 요구 표현 능력 지지 • 다른 사람의 질문, 느낌, 관찰에 반응하는 상호적인 대화에 참여하는 능력 촉진	• 공동 활동 • 공동주의 • 언어화 • 의도적 의사소통 • 대화
사회정서	• 아동의 사회 · 정서적 안녕 지지 • 아동의 안정되다는 느낌, 가족생활과 일상적인 상호작용의 요구에 순응하는 능력 촉진	• 신뢰 • 감정이입 • 협력 • 자기 조절 • 자신감 • 통제감

출처: Gerald & MacDonamd (2007).

skills)(예: 양말 벗기, 컵으로 물마시기 등)을 촉진하지 않는다. 발달상 장애가 있는 아동들은 비록 수준의 강도와 빈도가 낮을지라도 그들 대부분 생의 초기부터 이미 할 수 있는 행동들이며 이러한 중심축 행동을 생산할 수 있는 능력이 있다. 따라서 영유아를 위한 교육과정에서 아동이 이미 할 수 있는 행동(중심축 행동)을 지지하고 촉구하는 것은 그만큼 아동이 스스로 할 수 없거나 또는 하고 싶지 않은 행동을 목표로 삼아 아동에게 수행하도록 촉구하는 기회를 줄이고 아동의 능동적 학습 참여를 이끌어 내어 궁극적으로 인지학습 발달을 촉진하는 결과를 가져온다(김정미 역, 2008; 2021; Mahoney & McDonald, 2007; Mahoney & Perales, 2019).

1) 인지/학습 발달의 중심축 행동

인지 발달은 아동의 지각, 인식, 이해, 추론, 판단 그리고 매일 일상 중에 이러한 능력을 사용하도록 변화시키는 것을 의미한다. 인지는 가장 기본적인 발달능력이며, 사회성과 적응능력, 그리고 의사소통과 언어 발달을 위한 기초이다. 아동이 다른 사람과 의사소통하고, 서로 상호작용하고, 그리고 자신을 돌보는 능력은 궁극적으로는 아동의 이해나 추론 수준에 따라 달라지기 때문이다. 따라서 발달에 문제가 있거나 아동 발달을 촉진하기 위해서는 아동의 인지의 전제 수준을 습득해야 만이 다른 사람과 상호작용하고 의사소통과 인지학습 능력을 키울 수 있다(Dunst, Mahoney, & Buchan, 1996; Mahoney & Perales, 2019). Mahoney(Mahoney & Perales, 2003; Mahoney & MacDonald, 2008)는 인지 발달을 위한 중심축 행동 목록으로서 아동의 사회적 놀이, 주도성, 탐색, 실행, 문제 해결을 구성하였다.

(1) 사회적 놀이

★ 개념

사회적 놀이(Social play)는 아동이 다양한 상황에서 부모 또는 다른 어른과 함께 상호적으로 놀이하는 능력을 말한다. 사회적 놀이는 어른 상대자가 한 만큼 아동도 놀이 활동에 참여하며 서로 '주고받기' 식의 형태로 특징지을 수 있다. 아동은 능동적으로 놀이 과정에 참여하면서, 상대자가 하는 활동이나 경험이 무엇인지 인식하며 인지 발달을 성장해 간다.

놀이는 분명 아동 초기의 인지적 성장을 위해 가장 중요한 활동 중 하나다. 놀이 동안, 아동은 장난감과 도구를 가지고 놀면서 학습능력에 기초가 되는 중심축 행동들을 지속적으로 사용한다. 아동은 혼자서 또는 다른 아동들과 놀 때보다 부모 또는 다른 어른 상대자와 상호작용하는 상황은 아동의 인지 성장에 있어서 중요한 역할을 한다. 그렇기 때문에 사회적 놀이는 인지 발달을 위해 가장 중요한 중심축 행동 중 하나다. 아동이 어른(특히, 부모)과 함께 놀이할 때 매우 반응적으로 상호작용할 때, 아동은 자신의 놀이 영역을 확장시키고 더욱 복잡하게 구성하며 주도성, 탐색, 실행, 그리고 문제 해결 능력을 최대한 발휘하게 된다. 예를 들면, 어른은 아동과 상호적인 사회적 놀이를 할 때, 아동의 현재 관심과 흥미에 맞추어 민감하게 반응해 줌으로써, 아동이 인식하지 못하는 상황에 대한 주의를 이끌고, 아동이 하는 행동과 의도를 지지하거나 약간 새로운 활동을 아동에게 보여 주어 아동이 스스로 자신을 확장할 수 있는 기회를 준다. 따라서 사회적 놀이를 통하여, 어른은 아동이 다음 발달 단계의 사고와 추론을 위해 필요한 개념과 능력을 쉽게 만들어 내거나 발견할 수 있도록 아동의 마음에 씨를 뿌리고, 새로운 생각을 심어 주게 되는 것이다.

★ 반응적인 부모

아동은 놀이에 참여하면서 인지적 성숙을 촉진하는 데 필요한 정보와 이해를 습득한다. Piaget는 아동이 놀이 즉, 사물을 조작하고 탐색하는 것과 같은 놀이 과정을 통하여 인지적 기술을 습득하는 데 필수적인 활동에 참여하게 되기 때문에 놀이는 '아동의 일(child's work)'이라 하였다. 인지학습은 일차적으로 놀이를 통하여 발생하기 때문에, 아동의 학습과 발달을 도울 수 있는 가장 좋은 방법은 부모가 사회적 놀이에 아동과 함께 참여하는 것이다.

부모가 아동의 인지 발달에 미치는 영향은 아동이 놀이할 때 부모가 무엇을 하는가보다는 부모가 얼마나 많이 아동에게 반응해 주는가와 더 밀접한 관계가 있다. 반응적인 사회적 놀이란 부모가 아동과 균형 있게 '주고받기' 식 활동에 참여하는 것을 의미하는데, 부모가 참여하는 만큼 아동이 놀이에 참여하도록 하는 것이 중요하다.

반응적인 부모는 아동과 상호작용하는 동안, 아동이 흥미를 가지고 발견한 활동을 계속하고 주도할 수 있도록 지지하고 격려한다. 그리고 놀이 지침을 알려 주고, 제안하고, 그리고 아동이 현재 하고 있는 것과 관련된 정보를 제공하기도 한다. 두 가지 역할은 모두 중요하지만 무엇보다 중요한 것은 반응적이고 지지적인 놀이 상대자가 되어 주는 것이다.

(2) 주도성

★ 개념

주도성(Initiation)은 부모나 다른 어른의 지시에 수동적으로 따르지 않고, 아동이 스스로 활동을 시작하여 함께 이끌어 가는 정도를 의미한다. 주도성을 가진 아동은 그들의 활동 종류나 방향에 대하여 스스로 선택하고 결정한다. 아동은 다른 사람들과 대화할 때, 새로운 게임을 시작할 때, 같은 장난감으로 다른 놀이를 할 때, 문제 해결을 위해 도움을 요청할 때와 같은 다양한 상황에서 주도성을 갖는다.

만 6세가 될 때까지 아동의 인지학습은 주로 능동적 학습을 통해 이루어진다. 부모가 아동에게 논리, 분류, 기억, 이해, 문제 해결 등을 가르쳐 준다 할지라도 학습되었다고 말할 수는 없다. 왜냐하면 학습은 아동이 이러한 기술을 스스로 발견할 때 성취되기 때문이다. 즉, 아동은 일상에서 자주 실행해 보면서 새로운 정보를 획득하고 자신이 하고 있는 생각과 논리의 한계를 인지하면서, 점차적으로 자신의 생각을 수정하고 반복되는 놀이와 사회적 상호작용을 통해서 새롭게 발견한 정보와 통찰에 부합되도록 노력한다.

★ 반응적인 부모

부모는 아동이 주도하는 활동에 반응함으로써 아동의 능동적 학습을 촉진한다. 아동이 어떤 활동을 스스로 선택하여 시작하는 것은 그 활동에 참여하겠다는 아동의 결정이다. 이러한 결정은 아동이 자신에게 흥미가 있고 의도가 있고 그렇게 할 수 있다는 자신의 능력을 반영한 것이다. 따라서 아동은 자신이 주도한 활동들에 더욱 능동적으로 참여하려 한다.

부모가 부모 자신이 주도한 활동과 의사소통에 아동이 반응하고 상호작용하도록 이끌려 하면 할수록 아동이 주도하는 법을 배울 수 있는 기회를 빼앗아 가는 것이다. 따라서 부모가 아동을 상호작용에 참여시키는 좋은 방법은 아동이 놀잇감을 선택하고 활동을 시작하도록 기다려 주는 것이다. 이는 아동에게 어떻게 주도하는 사람이 될 수 있는지 배울 수 있는 기회를 제공하고, 아동이 상호작용에 더욱 적극적으로 참여하여 오래 상호작용을 유지할 수 있도록 한다.

(3) 탐색

★ 개념

탐색(Exploration)은 아동이 사물들이나 일어나는 일들을 조사하거나 다룰 수 있는 정도를 의미한다. 탐색적인 아동들은 그들의 모든 감각을 이용하여 입에 넣어 보고, 던져 보고, 실행해 보고, 또는 귀 기울여 들으면서 탐색한다. 탐색은 능동적인 참여, 실험, 그리고 관찰을 특징으로 한다.

탐색은 발견학습을 위한 기초다. 우리는 대부분 정보와 기술을 배우고, 그것들을 우리의 실제 상황에 적용해 보고자 시도한다. 때로는 배운 것들을 이해하고 있다고 생각하지만 우리가 그것들을 적용하고자 시도할 때, 그 정보를 어떻게 사용하는 것인지 확실치 않을 때가 많다. 우리가 이해하고 있다고 생각했을 뿐, 실제로 배웠던 복잡하게 이루어진 정보를 이해하지 못하고 있는 것이다. 하지만 이러한 정보를 이용하여 여러 차례 시도하면서 우리는 그것을 유용하게 만들기 위해서 무엇을 해야 하는지 발견하게 되고, 그 지식의 중요함을 인식하게 된다. 결국 새롭게 배운 정보는 실제 상황에서 사용하려고 시도해 본 다음에야 비로소 개인적으로 의미가 있고 실용적인 지식이 되는 것이다. 즉, 지식은 단순히 사물들의 이름이나 사용법에서 얻은 정보가 아니라 그 사물들이 어떻게 생겼는지, 어떤 느낌인지, 맛은 어떤지, 냄새는 어떤지, 그 사물에 어떠한 작용을 주었을 때 무슨 일이 생기는지, 그 사물들이 다른 사물들이나 행동들과 어떠한 관련이 있는지 경험을 통해서 형성된다.

만일 어떤 사물에 대해 아동의 지식이 풍부하다 할지라도 개인적 경험이 없다면 그 사물의 이름이나 기능은 아동에게 의미가 없을 것이다.

★ 반응적인 부모

모든 아동은 전형적으로 발달하는 아동이든 또는 발달에 문제가 있는 아동이든지 같은 방식으로 능동적 경험에 의해 학습한다. 아동은 다른 사람이 가르쳐 준 지식을 얻을 수도 있고, 자신의 능동적으로 탐색하여 발견을 통해서 배울 수도 있다. 하지만 전자의 경우 아동이 직접 정보를 발견하지 않고는 그들에게 전달된 정보를 완전히 이해하기 어려울 것이고 일상에서 능동으로 사용하기 어려울 것이다.

부모는 아동에게 적합한 재료들을 제공하고 계속 시도해 보도록 독려하며 발견하도록 도움을 주기도 하지만, 궁극적으로 아동이 자신의 생각과 이해의 기본이 되는 정보를 배우고 지식으로 형성하도록 하기 위해서는 아동이 스스로 정보를 발견하는 것이 중요하다. 매번 부모가 아동에게 무엇인가를 가르쳐 준다면 부모는 아동으로 하여금 스스로 발견하는 것으로부터 멀어지게 하는 것이다. 따라서 부모는 아동 스스로 발견하도록 기다려 주며 아동과 함께 아동의 생활에서 사용하도록 지지해 주어야 한다.

(4) 실행

★ 개념

실행(Practice)은 아동이 동일한 방식으로 행동과 활동 모두를 반복하며 다양하게 시도해 보는 것을 말한다. 실행은 아동에게 행동을 숙련하고 결정하는 기회를 가지도록 하며, 혼자서 때로는 다른 사람과 함께 행동을 반복 실행한다. 인지학습 발달을 위한 기술은 새로운 행동을 단순히 획득하는 것 이상의 의미를 포함한다. 아동이 처음 발달기술이나 개념을 배울 때, 대부분은 처음에는 어색하고 상당한 노력 끝에 점차 행동을 잘 사용하게 된다. 그리고 자신이 지금까지 성공적으로 적용했던 상황에서는 잘 사용하지만 또 다른 새로운 상황에 주어졌을 때는 또 새로운 시도가 되기도 한다. 따라서 학습이 되기 위해서는 새롭게 획득한 행동을 여러 상황에서 능숙하게 적용하는 방식을 배워야 한다. 자신이 습득한 행동을 그때그때마다 새로운 노력 없이 자동적인 반응이 되도록 하기 위해서는 숙련의 과정이 필요하다.

★ 반응적인 부모

운동선수들이 자기 분야의 기술에 대해 거의 기계적인 수준으로 정확한 성취를 보일 수 있는 것은 반복연습의 결과라고 말한다. 그리고 전문가 경지로 그것을 숙달한 후에도 계속해서 연습하는 데 상당한 시간을 할애한다. 아동이 발달기술을 학습하는 것도 동일한 원리다. 새로운 기술을 그저 습득만 하는 것은 일상에서 자발적으로 그 행동을 만들어 내는 데 충분하지 않다. 아동은 새로운 기술을 실행해 보고 반복할 때만이 일상에서 자연스럽게 그러한 기술을 생산할 수 있다. 부모는 일상에서 아동과 함께 하는 활동 중에 아동이 스스로 실행하고 반복하도록 지지해 줌으로써, 아동이 새롭게 획득한 행동과 개념을 다양한 장면과 새로운 사람들과 적응적으로 사용할 수 있도록 확장시켜 준다.

(5) 문제 해결

★ 개념

문제 해결(Problem solving)은 아동이 어느 정도 난이도가 있어 어려움을 가지는 과제를 지속해서 하는 정도를 말한다. 문제 해결력은 아동이 일반적으로 어려운 과제에 도전하거나 낯선 상황을 해결하기 위해 사용하는 기술이나 행동을 말하는 인지 발달의 중심축 행동이다. 빨리 풀어낼 수 없는 과제를 계속해서 하는 상황에서 아동의 문제 해결력이 나타난다. 아동은 일상 중에서 문제 해결을 해야 하는 기회를 많이 가진다. 일상에서 아동은 새로운 장난감이 주어지거나, 아동이 이해할 수 없는 언어 수준으로 의사소통이 일어나거나, 또는 아동의 능력을 넘어선 것을 하도록 요구받는 상황에 직면할 수 있다. 문제 해결력은 이러한 상황을 처리하는 데 필요한 기술이나 능력 모두를 가져야만 가능한 것은 아니며, 문제를 해결하는 아동은 문제를 풀기 위해 여러 시도를 해 보거나 계속해서 다른 해결책을 찾아 실험해 보며, 성공 여부와는 상관없이 지속해서 시도한다.

★ 반응적인 부모

부모가 아동이 할 수 있는 능력 범위 수준의 것을 제시하고 해결하도록 격려해 줄 때, 아동은 불확실해 보이지만 그것을 시도해 보는 경험을 통해 점차 확실하지 않은 수준의 범위를 발전시켜 시도하게 된다. 그러나 주의할 것은 부모가 아동의 능력을 지나치게 과대평가하고 아동의 능력을 넘어선 문제를 시도하도록 조장할 때, 아동은 성공적하지 못할 가능성이 많아지고 점차 문제 해결의 시도는 줄어들 것이다.

아동이 문제 해결 능력은 꼭 성공적인 해결을 통해서 배우는 것은 아니다. 아동이 문제를 효과적으로 다루는 방식을 배우는 것만큼, 한편으로는 왜 특정 방식으로 했을 때 그 문제를 해결할 수 없는가를 발견하고 이해하는 것도 중요하다. 부모는 아동에게 도전적인 상황이 주어졌을 때 그 상황을 성공적으로 해결하거나 또는 해결하지 못하는 방법도 아동이 사용하도록 지지해야 한다. 즉, 아동은 실패의 기회도 가져봐야 한다는 것이다. 단, 문제 상황에 대해 자신이 해결하는 능력이 없다고 과도하게 좌절하게 되지 않도록 부모는 아동의 수준을 잘 이해하고 적절한 난이도 상황을 경험하도록 해 주어야 한다.

2) 아동의 의사소통/언어 발달

아동이 말을 하는 것, 그리고 언어를 습득한다는 것은 사회적 상호작용으로부터 발전한다. 언어 발달은 근본적으로 비언어적인 의사소통 체계에서부터 표현 언어로 발전하여 다른 사람과 적응적인 소통의 수단으로 발전한다. 예를 들면, 어린 아기들이 말을 배우고 의사소통하는 과정을 보면, 일차적으로 부모나 다른 어른과 상호작용하는 맥락에서 공동의 관심을 집중시키고, 다음으로 다른 사람이 발성하는 소리와 비언어적인 행동으로 전달하려는 의미를 인식하게 되고, 다음으로 자신이 의도한 바대로 의사소통을 하기 위해 언어로 소리를 내거나 비언어적인 행동을 사용하고, 그리고 의도를 전달하기 위한 특정 단어와 보편적인 문법 형태를 사용하는 것을 배워 나간다. Mahoney(Mahoney & Perales, 2003; Mahoney & MacDonald, 2008)는 의사소통 발달을 위한 중심축 행동 목록으로서 아동의 공동 활동, 공동주의, 언어화, 의도적 의사소통, 대화를 구성하였다.

(1) 공동 활동

★ 개념

공동 활동(Joint activity)은 아동이 의사소통 상대자와 능동적으로 주거니 받거니 하면서 상호작용에 참여하는 정도를 말한다. 아동의 대화는 사회적 상호작용이 기본 형태이며, 다른 어른과 빈번하게 일어나는 비언어적인 소통 속에서 언어를 배워 나간다. 대화는 두 사람 또는 그 이상의 사람이 느낌, 감정, 관찰 내용, 그리고 생각을 서로 교환하는 수단으로 이루어지는 과정이기 때문이다. 아동이 말을 시작하기 전 어른과 사회적 상호작용에 참여할 때에도, 의식적이지는 않지만 신체적인 감각(예: 접촉, 움직임, 소리)을 통해 상호 의미를 교환하며 초기 단계의 대화를 하고 있는 것이다.

아동이 사회적 상호작용에 참여하는 기회를 많이 가질수록, 점차 의도를 가지고 이러한 경험을 어떻게 전달하는지를 인식하게 되고, 점차 이러한 공동 활동에서 더욱 능동적으로 활동하고 자신의 활동이 이후 다른 사람에게 어떤 결과를 나타낼 것인지를 예견하는 것을 배우게 된다. 이와 같은 과정을 통해 아동이 상호적인 관계를 통해 전달하는 언어 유형은 더욱 복잡해지게 된다.

아동의 언어 발달은 어른과 친밀한 상호작용 관계를 가질 때, 그리고 아동이 관심 있어 하는 활동이나 사건에 초점을 두고 이야기할 때 잘 이루어진다. 의사소통 이론에서는 만일 아동이 현재의 경험과 관련이 없는 언어 자극을 주거나(예: 서로 대화하는 어른의 대화 경청, 라디오 듣기, TV 보기) 또는 아동의 현재 관심이나 경험에 별 의미가 없는 단어나 구를 반복하도록 요청하는 것은 아동의 언어학습에 별 도움이 되지 못한다고 주장한다. 아동의 현재 언어능력 수준에 적합한 언어와 아동의 활동과 관심에 직접적으로 관련된 언어를 들을 때, 아동은 비로소 효과적으로 언어를 학습하게 된다(Bornstein et al., 1999).

★ 반응적인 부모

아동은 "엄마", "아빠", "주세요" 그리고 "사랑해요"라는 말을 배우고 이러한 단어를 통해 자신의 의도를 표현하여 전달하며 의사소통하는 것은, 그 이전에 이미 이러한 단어의 개념을 전하는 발성, 옹알이, 손짓, 그리고 미소를 통한 비언어적인 상호작용을 사용하였기 때문이다. 반응적인 부모는 아동과 아동이 하는 행동이나 소리로 공동 활동을 하면서 아동이 상호행동에 참여하도록 지지한다. 그리고 아동을 관찰하고 상호작용할 때, 지나치게 아동이 하도록 자극을 주거나 또는 교육하려는 것이 아니라, 어른과 아동 모두가 능동적 역할을 수행하도록 아동이 현재 하고 있는 활동을 함께 (공동 활동)하면서 아동이 보다 상호적인 활동에 적극적으로 참여하도록 격려한다(Bruner, 1983; Mahoney et al., 1988).

(2) 공동주의

★ 개념

공동주의(Joint attention)는 상대와 눈을 맞추며 상호작용하는 빈도나 언어적 표현으로 상대와 활동을 공유하는 정도를 말한다. 아동은 상호작용하는 상대의 주의를 끌기 위해 제스처, 얼굴 표정, 눈짓을 사용하기도 한다. 우리가 다른 사람과 소통하는 가운데 대화 속에 담긴 의미를 얼마나 잘 이해하고 판단하는가는 말하는 사람이 얼마나 효과적으로, ① 얼굴 표정이나 눈빛과 같은 단서를 사용하여 감정을 드러내고, ② 손짓과 제스처를 사용하여 주의를 집중하고, ③ 서로 연관된 단어 사용 정도에 따라 영향을 받는다. 우리가 언어에 담긴 의미를 판단하는 데 필요한 언어를 지각하고 맥락 단서를 사용하는 능력이 부족할지라도, 말하는 상대방이 우리의 제한된 능력에 잘 맞추어 준다면 우리는 훨씬 쉽게 의미를 이해할 수 있다. 예를 들면, 외국어를 배우는 데 맥락 단서를 사용하는 것처럼 아동들도 말을 배우거나 소통할 때 표현된 말뿐 아니라 그 상황에서 일어나는 부모의 제스처, 응시, 미소, 목소리 억양, 그리고 문장의 반복에 따라 영향을 받는다.

★ 반응적인 부모

일상에서 부모가 아동과 반복적이 놀이를 하며 함께할 때, 아동은 사회적 상호 교환 안에서 놀이하는 역할을 배우고 또 어른이 하는 행동이나 의사소통을 예측하기 시작한다. 이러한 일상적인 일과 속에서 상호작용이 잘 형성될 때, 어른은 아동의 흥미를 유지하며 언어 또는 역할을 변화시키고, 아동이 능동적으로 참여하게 된다.

(3) 언어화

★ 개념

언어화(Vocalization)란 아동이 투덜대는 소리, 발성, 노래 또는 단어와 같은 소리를 실행하거나 반복하는 정도를 말한다. 아동은 혼자 있든 다른 사람과 함께 있든 항상 빈번하게 소리를 낸다. 언어화는 말이 얼마나 복잡한가 또는 의미가 있는가와 상관없이 그냥 아동이 소리를 만들어 내는 빈도를 말한다.

아동은 자신이 반복해서 소리를 내 보면서 소리를 만드는 방식을 배운다. 아동의 음성 발달은 아동 자신이 만들어 낸 소리에 얼마나 언어적 피드백을 받느냐에 따라 영향을 받으며, 이러한 피드백이 반복적으로 주어질 때 아동은 그것에 따라 실행해 보고 더욱 복잡한 발성을 만들어 내게 된다. 반응적인 부모 아동은 부모가 자신이 내는 발성 모두 반응해 준다는 확신이 있을 때, 더욱 많은 소리를 만들어 낸다. 부모는 아동이 발성하는 비율에 영향을 미치기 때문이다. 아동이 소리를 많이 만들어 내야만 말을 할 수 있게 된다. 따라서 부모는 비록 그것이 정확하지 않고 의미 없이 만들어 내는 소리더라도 반응해 주며, 아동이 아직 사용하지 않고 있는 언어를 사용하지 않아야 한다.

(4) 의도적 의사소통

★ 개념

의도적인 의사소통(Intentional communication)은 아동이 자신의 의도를 의사소통하는 상대방이 알도록 하는 정도를 말한다. 아동은 비언어적 의사소통, 또는 단어를 사용하거나 감정 그리고 상대에 정보를 효과적으로 사용하여 자신의 의도를 전달한다.

의도적 의사소통은 아동이 자신의 감정, 요구, 그리고 관찰 내용을 다른 사람에게 이해시키려할 때 일어난다. 의도적 의사소통 방식은 어린 아동은 울음, 쳐다보기, 손 뻗치기와 같은 본능적인 행동에서부터 시작하여, 반응이 다른 사람에게 어떤 반응을 이끌어 낼 것인지를 인식하게 됨에 따라 자신의 요구, 감정, 그리고 관찰 내용을 전달하는 능력을 발전시켜 나간다.

의도적인 의사소통의 발달은 여러 요인에 의해 영향을 받는다. 즉, 아동이 ① 자신과 자신의 주변 세계에 대한 인식이 증가하고, ② 발성과 제스처를 만들어 내는 능력이 증가하고, ③ 사건을 표상하는 상징을 사용하는 능력이 증가하고, ④ 자신의 의도를 다른 사람에게 알리고 싶은 상대인지가 증가할 때 더욱 발전한다. 만일 아동이 자신이 의도하는 바를 다른 사람에게 알리는 것에 별로 관심을 가지지 않는다면, 단어에 담긴 의미를 이해하려 하거나 또는 단어의 사용을 배우는 것에 대해 아무런 동기를 부여하지 못한다.

★ 반응적인 부모

아동의 의사소통은 부모나 다른 사람이 아동의 행동을 마치 의미가 있는 것처럼 반응해 줄 때 증가한다. 예를 들면, 아동이 자신의 손을 무심코 움직였을 때, 부모가 이러한 동작을 인사하는 소통 언어로 의미를 부여하며 "안녕하세요"라고 말하며 반응해 줄 수 있다. 부모가 아동의 비의도적인 행동을 마치 의미 있는 것처럼 반응해 줄 때, 아동은 대화에 능동적으로 참여하게 되고, 점차 이 상호작용의 목적이 정보를 교환하려는 것이라고 인식하게 된다 (Bruner, 1983). 아동이 능동적으로 주고받는 자연스러운 대화를 많이 이어 갈수록, 아동은 자신의 행동이 의미를 전달하는 것임을 배울 뿐만 아니라 상호작용하는 상대의 의도를 인식하는 기회를 가지게 된다. 주의할 것은 부모가 아동이 선택한 단어나 문법을 교정하는 상호작용은 오히려 아동의 의사소통 노력을 방해된다. 따라서 부모가 자녀가 전달하려는 뜻을 이해하려고 애쓰며 반응할 때 자녀의 언어 발달을 촉진하게 된다.

(5) 대화

★ 개념

대화(Conversation)는 아동이 여러 사람과 다양한 주제로 대화에 참여하는 정도를 말한다. 아동은 비언어적 의사소통과 언어적 의사소통 모두를 사용하여 주고받기 식으로 대화에 계속 참여할 수 있다. 아동은 어른과 빈번하게 그리고 점차적으로 긴 에피소드를 대화하고, 함께 상호작용하면서 단어와 문법을 배운다(Girolametto, Pearce, & Weitzman, 1996).

★ 반응적인 부모

반응적인 부모는 아동이 대화에 참여하도록 격려하고 새로운 단어를 쉽게 이해하고 사용하도록 만들어 준다. 반응적인 부모는 아동의 발성, 이해할 수 없는 단어, 그리고 웅얼거리는 알아들을 수 없는 말을 아동의 행동이나 의도에 맞추어 반응한다. 아동이 정확한 단어를 사용하도록 요청하기보다는 오히려, 아동이 계속해서 능동적으로 대화에 참여하는 것에 중점을 둔다. 반복되는 주고받기 식 대화 속에서 아동은 점차 좀 더 상황에 적합하게 또는 좀 더 정확한 단어와 문법을 사용하려고 애쓰게 된다.

또한 반응적인 부모는 언어를 상황에 맞는 비언어적인 단서와 함께 사용한다. 아동은 단지 부모가 하는 말을 경청하며 언어를 배우는 것이 아니라 부모가 사용하는 얼굴 표정, 손짓, 목소리 억양 등의 비언어적인 단서를 통해 언어의 의미를 정확히 이해한다. 반응적인 부모는 상황에 맞는 비언어적 단서를 자주 사용함으로써 아동이 상호적인 교환 활동을 통해 쉽게 대화에 참여하게 한다.

3) 사회–정서 발달의 중심축 행동

어린 아동에게 관찰되는 사회–정서 행동 문제, 즉 심한 짜증(tantruming),

공격 행동, 소리 지르기(screaming), 불순종 등은 환경으로부터 배우는 것이 아니라, 긴장된 감정과 공포를 해결하도록 돕는 자기 조절 또는 대처기술과 같은 사회정서 능력이 잘 발달하지 못해서 나타나는 것이다. 모든 아동은 공포와 좌절을 겪지만, 모든 아동이 다른 사람에게 공격적으로 행동하지는 않기 때문이다. 아동은 자신의 분노와 좌절감을 다루기 위한 자기 조절 능력이 부족할 때, 다른 사람을 향해 공격적으로 행동하게 된다. Mahoney(Mahoney & Perales, 2003; Mahoney & MacDonald, 2008)는 사회정서 발달을 위한 중심축 행동 목록으로서 아동의 신뢰, 감정이입, 협력, 자기 조절, 자신감 그리고 통제감을 구성하였다.

(1) 신뢰

★ 개념

신뢰(Trust)는 아동이 초기에 양육자와 갖는 신뢰와 온정적인 관계의 정도를 말한다. 아동은 안락함과 편안함을 위해 양육자를 찾고 접촉하고 싶어 한다. 그리고 양육자와 함께 있으면서 만족감을 느끼고, 자주 눈을 맞추거나 미소 지으며 자신의 정보를 나누고 기쁨을 느낀다.

다른 말로 애착은 아동이 어머니, 아버지, 또는 다른 주 양육자를 신뢰하고 의존하는 것을 말하며, 생의 초기에 아동과 부모 간에 발달하는 독특하고 강력한 사회−정서적 관계라 할 수 있다. 중심축 행동으로서 애착은 일차 양육자를 신뢰하는 아동의 능력이라 할 수 있다.

★ 반응적인 부모

어머니가 온정적이고, 민감하고, 반응적으로 상호작용할 때, 아동은 보다 안정적이고 신뢰로운 관계를 형성하였다(De Wolff & van Ijzendoorn, 1997). 또한 부모가 아동과 함께 상호작용하는 빈도, 부모가 아동과 함께하는 놀이적인 상호작용 성향, 그리고 아동의 울음과 요구에 대해 애정적으로 반응해 주는 정도 등 다양한 양육 특성이 부모와의 신뢰로운 관계 형성에 영향을 미쳤다(Kochanska, Forman, & Coy, 1999).

아동 초기 동안 일차 양육자와 형성한 성공적인 신뢰관계는 여러 사회−정서 능력에 영향을 미친다. 그러나 애착을 생물학적 요인으로 생후 첫 1년 동안 나타나는 변할 수 없는 특별한 연대감으로만 생각하는 것은 너무 한계가 있다. RT(반응성 상호작용 교수) 이론에서도 신뢰와 애착이 생의 초기 동안 지속적으로 관찰되어야만 하는 중심축 행동이라는 데 동의한다. 그러나 아동의 사회−정서적 행동은 부모가 그 순간 아동과 관계 맺는 방식에 따라 영향을 받으며(Kochanska, 1998), 부모가 아동과 신뢰와 애착의 질을 높일 수 있도록 반응적인 상호작용을 하는 데 적합한 신체적·심리적 자원을 갖추는 것이 중요하다.

(2) 감정이입

★ 개념

감정이입(Empathy) 능력은 아동이 다른 사람의 감정과 정서에 민감하고 다른 사람의 정서에 따라 자신의 정서를 바꿀 수 있는 정도를 말한다. 아동은 다른 사람이 어떻게 느끼는지를 살피며 다른 사람의 정서 상태에 따라 영향을 받는다. 특히, 양육자의 반응을 통해 안전하고 우호적인 상황인지 살피고 어떻게 반응할 것인지 자신의 반응을 조절한다.

사회적 관계는 아동이 다른 사람과 정서 상태를 공유하는 능력이 발달할 때 성공적으로 이루어진다. 감정이입이란 아동이 다른 사람의 정서적 상황을 인식하고 상대의 관점을 받아들이는 일련의 과정이다. 이는 다른 사람의 기쁨, 슬픔, 흥분, 두려움과 같은 감정을 함께 느끼고 나아가 자신의 정서를 상대의 정서 상태에 맞추는 능력이라 할 수 있다.

공감능력을 발달시키지 못한 아동은 여러 심각한 사회정서 문제를 나타낼 수 있다. 다른 사람의 정서 상태에 흥미나 관심이 거의 없고, 다른 사람의 정서 상태에 순응하도록 자신의 상호작용 행동을 조절하지 못하며, 그리고 일반적인 상황에 과잉 반응하거나 아니면 아무 반응도 하지 않기도 한다.

★ 반응적인 부모

반응적인 부모는 아동의 비언어적 신호(몸 움직임, 얼굴 표정, 그리고 발성)에 반응하고 아동의 정서 표현을 모방하면서 아동과 눈높이를 맞춘다. 아동을 계속적으로 간헐적인 눈맞춤을 유지하면서 상호작용함으로써 공감을 촉진한다.

(3) 협력

★ 개념

협력(Cooperation)은 아동이 부모와 상호적으로 공동 활동에 참여하는 사회적 활동을 말한다. 아동이 협력하지 못하거나 협력하기를 거부하는 것은 부모 입장에서는 아동이 일부러 불순종하거나, 반항하거나, 고집 부리는 것으로 보일 수 있기 때문에, 부모와 아동 간의 갈등을 유발하는 주요인이 될 수 있다. 협력은 아동이 어른과 함께 하는 협력적인 활동을 성공적이고 반복적으로 해 봄으로써 발달한다.

★ 반응적인 부모

일상적인 상호작용 속에서 부모는 자녀의 비언어적 신호와 행동에 민감하게 반응하며, 아동에게 쉽게 할 수 있는 것을 하도록 요구한다면, 많은 부분 부모와 잘 협력할 수 있다. 아동이 부모의 요청에 성공적으로 잘 반응할수록, 협력 습관을 발달시킬 수 있는 기회를 더 많이 가지게 된다. 협력이 근본적인 행동으로 형성될 때, 아동은 협력을 위해 더 많은 노력을 들여야 하는 요구에도 협력하는 습관을 점차 더 확장하게 될 것이다. 부모는 아동의 능력 범위 내에서 잘 할 수 있는 활동과 행동을 아동이 하도록 협력을 구할 때 아동이 협력하는 습관을 강화시킬 수 있다.

(4) 자기 조절

★ 개념

자기 조절(Self regulation)은 아동이 당황스럽거나 좌절될 때 스스로 감정을 가라앉힐 수 있는 정도를 말한다. 자기 조절력이 있는 아동은 짜증을 내거나 울 때 지속시간이 짧고 전환이 쉬우며 환경이나 일상의 변화에 빠르게 적응한다.

어른은 자신의 감정을 스스로 조절하거나 통제할 수 있지만, 어린 아동들은 본능적으로 자신이 느끼는 방식대로 반응한다. 왜냐하면 어린 아동은 자신의 정서를 조절하기 위한 내적 능력을 가지고 있지 않기 때문이다. 어린 아동이 어른보다 부정적인 감정을 더 많이 느끼는 것이 아니라 자신의 정서를 다루는 대안적인 방법이 없기 때문에 어른보다 더 많이 울고 더 많이 외현적인 행동을 나타내는 것이다.

아동은 성장하면서 점차적으로 자신의 정서적 반응에 대처하거나 조절하는 전략을 발달시켜 나가는데, 약 2세경 자신의 정서를 다룰 수 있는 능력을 발달시키기 시작하며, 자기 조절 능력은 아동 초기 동안 지속적으로 발달해 간다. 그리고 대부분의 아동은 약 10~12세 정도 되어야 완전하게 발달하게 된다.

★ 반응적인 부모

어떤 부모는 아동의 울음이나 공격 행동과 같은 아동의 부정적인 반응을 위협이나 처벌을 통해 강압적으로 다루려고 한다. 경우에 따라서는 효과가 있지만 이러한 방식은 아동이 느끼는 두려움에 대해 표현(예: 울음, 회현적 행동 등)을 참도록 강요하는 것이다. 그러나 아동의 이러한 부정적인 정서에 대한 반응을 억압하였다 할지라도 여전히 아동이 느끼는 감정은 사라지지 않는다. 따라서 부모가 자녀에게 울거나 외현적으로 표현하지 못하도록 강요하는 것은 아동이 자신의 감정을 다루는 방법을 가르치지는 못한다.

반응적인 부모는 발달적으로 적합한 규칙과 기대를 가지고 아동이 순응할 수 있는 수준의 행동 양식에 맞춘다. 예를 들면, 만 2세 미만의 어린 아동에게는 어떤 사물을 만져서는 안 된다는 규칙을 고수하기보다는 이러한 사물을 아동이 닿지 않는 곳으로 치운다(예: 탁자 위에 꽃병을 치운다.). 만일 만 5세 유아에게 저녁식사 때는 식탁에 가족과 함께 앉아서 먹어야 한다는 규칙이 있다면, 반응적인 부모는 아동이 앉아 있을 수 있는 정도를 인식하고 몇 분간으로 기대의 한계를 정한다. 즉, 부모는 아동이 무리 없이 할 수 있을 것으로 기대되는 행동 상황에서 규칙을 제시한다.

(5) 자신감

★ 개념

자신감(Feeling of confidence)은 아동이 자신이 과업을 수행하는 능력에 관하여 긍정적인 감정을 가지는 정도를 의미한다. 자신감은 아동이 실제로 얼마나 많은 능력을 가지고 있는가가 아니라 아동이 자신의 능력에 대해 어떻게 인식하는가를 말한다. 어떤 사람들은, 성공을 위해 필요한 능력을 명백히 가지고 있음에도 불구하고, 자신을 무능력하다고 본다. 때로는 자기 자신에 대해 부정적인 판단을 하는 사람은 시간이 지날수록 자신이 성공할 만한 능력을 가지고 있음에도 불구하고 무능력하게 행동하게 된다. 예를 들면, 능력은 있지만 자신의 능력에 대해 자신이 없어 하는 3, 4학년 학생에 대해 조사한 결과, 학업에 대한 호기심과 즐거움은 낮고 불안, 분노, 지루함은 높게 나타났으며, 실제로 수학과 사회 과목에서 보다 열악한 성취를 나타내었다(Eccles, Wigfield, & Schiefele, 1998).

★ 반응적인 부모

반응적인 부모가 아동의 자신감을 높여 주는 방식은 아동이 하는 것을 가치 있게 여기는 것이다. 심지어는 아동의 나이에 기대할 수 있는 것보다 낮은 수준일지라도, 아동이 주도하도록 유지하고 격려해 주며 아동의 수행을 중요하고 의미 있는 것으로 받아들인다. 이러한 부모는 아동이 하는 것에 무엇이든 기뻐한다. 그리고 아동이 할 수 있는 활동을 함께하면서 아동에게 성공의 기회를 자주 갖도록 한다. 이러한 상호작용 속에서 아동은 자신의 요구나 기대를 매우 성공적으로 충족시킨다. 설령 아동이 적합하게 반응하지 못하거나 기대를 충족하지 못할 때도, 부모는 여전히 아동이 하는 것을 적합하고 의미 있는 것으로 대한다. 이는 아동의 성취 정도와 상관없이 아동에게 성공적이란 느낌을 갖게 한다.

(6) 통제감

★ 개념

통제감(Feeling of control)은 아동이 활동의 숙달 정도와 활동의 결과를 통제할 수 있다는 인식을 말한다. 아동은 일상에서 자주 무엇을 할지에 대해서 선택할 기회를 가진다. 생후 초기 어린 영아기부터 환경을 통제하는 것을 즐거워한다. 그리고 아동은 자신이 통제할 수 있는 상황에서 더욱 능동적이고 상호 활동에 적극적으로 참여한다. 아동이 새로운 정보나 기술을 학습하도록 시도하게 하는 중요한 동기 중의 하나는 바로 아동이 스스로 통제할 기회를 가지는 것이다.

★ 반응적인 부모

아동이 통제 능력을 얼마나 잘 발달시키는가 하는 것은 아동의 초기 사회적 신호에 부모와 다른 사람들이 얼마나 잘 반응해 주는가에 달려 있다. 만일 부모가 아동의 사회적 신호에 단지 가끔씩만 반응해 준다면, 아동은 자신의 수행이 아무런 영향력이 없다고 느낄 것이다. 그러나 부모가 아동의 사회적 신호에 매우 반응적이라면, 아동은 일상 중에 스스로 선택하고, 자신이 좋아하는 것을 하고, 자신의 결과물에 영향력을 행사하며, 다른 사람을 통제하는 능력을 발달시킬 수 있는 기회를 가지게 된다. 그리고 아동이 성숙함에 따라, 아동은 자신이 가지고 노는 장난감이과 그 밖의 사물을 통해 통제를 발휘할 기회를 가지며 더욱 통제를 발휘할 가능성이 크다. 통제감이 높은 아동은 세상의 사건은 자신의 통제하에 있고 스스로 자신의 삶을 변화시킬 수 있는 힘을 가지고 있다고 확신한다(Rotter, 1990).

제**2**부

반응성 상호작용 전략

Mahoney는 아동 발달을 촉진하는 데 중요한 역할을 수행하는 부모 또는 어른의 반응성 상호작용 구성 내용을 5개 영역으로 범주화하여 설명하였다(Mahoney, 1988; Mahoney, Finger, & Powell, 1985; Mahoney, Fors, & Wood, 1990; Mahoney & Powell, 1988).

반응성과 관련된 상호작용 특성은 일차적으로 아동의 참여와 흥미를 유지하고 촉진해 주는 데 초점을 둔다. 반응적인 부모는 아동과 함께 상호작용할 때, 상호 주고받는 상호작용(reciprocity), 민감하고 즉각적인 상호작용(contingency), 아동 주도적인 상호작용(shared control), 재미있고 수용적인 상호작용(affect), 그리고 아동의 수준에 조화로운 상호작용(match) 특성을 나타낸다. 반응적인 부모는 아동 중심적으로 어른이 말하고 생각하는 세계가 아닌, 아동이 느끼고 활동하는 아동의 세계에서 이해한다. 아동 중심적(child-centerd)이란 아동이 반드시 하도록 만드는 엄격한 훈련자로서 부모, 아동이 반드시 상위 수준의 능력을 배우도록 학습시키는 교사로서 부모, 또는 아동이 안전한지 확인하는 감독자로서 부모 역할과는 대조적 개념이다. 다음에서는 RT 이론에서 반응적인 부모 유형으로서 제안하는 반응성 상호작용 전략(RIS)을 요약해서 범주별로 제시하였다.

제**4**장

주고받는 상호작용

부모와 아동이 서로 주거니 받거니 하며 상호 호혜적인 상호작용을 하는 것을 상호 주고받는 상호작용(reciprocal interaction)이라고 할 수 있다. 부모는 아동이 한 행동에 대해 (때론 아동이 부모가 한 행동에 대해) 반응해 주면서 서로 작용하고 있다는 것을 인식하고 주의를 기울이면서 서로의 활동을 공유한다.

부모가 아동과 효율적으로 함께 공동 활동(joint activities)을 할 때 부모는 더욱 아동과 함께 있는 것이 즐겁고 아동과 함께 하는 상호작용을 통하여 성취감과 즐거움을 얻게 되면서 부모로서의 효능감이 증가할 뿐 아니라 부모는 더욱더 빈번하게 자녀와 상호작용하게 된다(Mahoney & MacDonald, 2007).

이와 같은 주고받는 상호작용은 부모와 자녀 간의 상호작용을 촉진하고 바람직한 관계를 증진하는 데 가장 근본이 되는 반응성 범주로서 다음에서는 주요 두 가지 반응성 상호작용 전략을 소개하고자 한다.

1. 아동의 세계로 들어가기

★ 무엇인가?

아동의 세계로 들어가기란 아동과 같은 방식으로 세상을 보며 아동과 공동의 관심을 가지고 상호 관계를 유지하는 것을 말한다.

인지학습을 위해서는 먼저 정보에 주의를 집중해야 한다. 주의를 집중하기 위해 어른들은 임의로 아동을 이끌기도 하고 때론 매혹적인 것으로 유인하려 하기도 한다. 이는 결국 주의가 집중되지 않는다면 다음 단계로의 학습이 이어지지 않는다는 것을 알기 때문이다. 아동은 관심을 가지고 흥미로워하는 사물에는 스스로 다가간다. 그리고 자신의 주의를 그곳에 기울이고 능동적으로 참여한다. 따라서 아동의 흥미와 관심은 능동적인 주의집중을 만들어 내기 때문에 학습의 시작이라 할 수 있다.

아동이 스스로 주의를 집중하는 경우는 없을까? 어떤 경우는 아동이 한곳에 지나치게 집중하여 부모는 오히려 그것에서 주의를 벗어나게 하고자 한다. 자폐스펙트럼장애가 있는 아동들에게서 흔히 관찰되는 일이다. 그러나 자폐성향이 있다고 하더라도 집중하는 자극은 하나로 정의할 수 없으며, 아동에 따라 다양하다. 한편 산만한 아동의 경우 그 정도는 차이가 있으나 자신이 흥미로워하는 자극에는 집중한다. 결국 아동은 자신이 흥미로워하고 관심이 있는 것에는 집중한다. 따라서 아동과 어떤 활동을 성공적으로 하기 위해서는 어른이 무엇을 계획하는가보다는 먼저 아동의 흥미와 관심을 알아야 한다. 부모는 아동의 주변 세계를 이해하고, 아동이 세상을 보는 방식대로 같이 볼 때 두 사람 간에는 공통된 이해를 공유하며 상호 관계를 형성하게 된다.

아동이 관계를 형성하기 위해 어른에게 자신을 맞출 수 있는 능력은 미성숙하기 때문에 결국 어른과 아동 간의 관계 형성의 질은 어른이 아동에게 맞추는 조정에 달려 있다. 어른들이 아동의 능력 범위 내에서 아동과 상호작용하고 놀이할 때, 아동은 자연스러운 놀이 속에서 적극적으로 참여하고 자신이 가지고 있는 잠재능력을 최대로 나타내 보이게 된다.

★ **어떻게 하는가?**

- 아동과 얼굴을 마주 볼 수 있는 자세로 놀이한다. 아동과 눈높이를 맞출 수 있도록 신체 높이를 낮추고 상호작용한다. 이때 아동이 올려다보지 않도록 주의한다. 만일 어린 영아라면 어른이 바닥에 엎드려서 아동과 마주 보는 자세를 취하는 것이 보다 효율적인 상호작용을 이끌 수 있다.

- 아동과 함께 놀이하거나 상호작용할 때 아동과 눈을 맞추고 눈길을 따라간다. 아동의 시선을 따라가며 아동의 눈을 보며 대화한다. 이때 아동이 올려다보지 않도록 주의한다.

- 아동의 행동을 그대로 모방하며 아동이 하는 간단한 방식으로 반영하며 놀이한다. 이때 아동이 무엇을 하도록 강요하지 않는다. 예를 들면, 18개월 된 영아가 손가락으로 가리키며 '어'라고 대화한다면 '어~'라고 아동의 방식대로 반응해 준다.

- 아동의 현재 발달 수준에 맞추어 상호작용할 때 아동이 부모에게 얼마나 적극적이고 반응적인지 관찰한다.

2. 하나 주고 하나 받기

★ 무엇인가?

하나 주고 하나 받기는 아동의 반응을 얻기 위해 아동이 반응한 만큼 또는 그보다 적게 행동을 보이거나 언어를 주고받으며, 나아가서는 서로 주거니 받거니 하는 차례 중 어른이 하는 횟수나 길이를 줄이며 상호작용을 유지하는 것을 말한다. 반복적인 주고받기가 유지되기 위해서는 어른이 자신의 차례를 마친 후에 아동이 자신의 차례를 수행할 때까지 기다려 주어야 한다. 이때 어른은 아동의 차례를 기대하고 있다는 것을 인식하도록 눈썹 치켜 올리기, 입을 벌려 보이기, 손을 뻗치기 등 비언어적으로 표현할 수 있다. 그러나 적극적으로 촉구하며 언어로 재촉하기, 계속 말하기, 질문하기, 강압적으로 끌어당기기 등의 방법은 바람직하지 않다.

아동의 발달 정도는 단순히 아동의 학습능력에만 영향을 받는 것이 아니라 놀이하거나 사회적 상호작용을 하는 동안, 아동을 대하는 부모의 태도도 중요하다. 부모와 아동 간의 하나 주고 하나 받는 상호작용은 아동으로 하여금 자신이 부모에게 영향을 주고 있다는 것을 느끼게 해 줌으로써 통제감을 높여 준다. 때때로 부모는 아동에게 잘하도록 제시하고 설명하는 것을 하나의 지원이라고 생각하지만, 아동의 현재 발달 수준을 조화를 이룰 때 상호작용은 이루어진다.

어린 아동은 부모와 같은 수준으로 보조를 맞추어 응답하기에는 미성숙하기 때문에, 아동과 하나씩 주고받는 상호작용을 성취하기 위해서는 부모가 아동과 같은 수준으로 자신의 보조 양과 자극의 양을 줄여야만 할 것이다. 이와 같이 아동의 능력에 맞추어 상호작용할 때 아동은 하나씩 조화를 이루며, 자신의 능력을 나타낼 기회를 빈번히 얻게 됨으로써 자신감과 통제감을 키운다. 그리고 부모는 아동과 일방적이 아닌 서로 주고받으며 서로에게 영향을 미치는 상호작용을 통해 관계의 즐거움을 증가시키게 된다.

★ 어떻게 하는가?

- 아동이 자기 차례에 하는 수행은 언어적 의사소통뿐 아니라 비언어적 의사소통과 행동일 수도 있다. 부모는 아동이 반응하도록 했던 말을 반복하며 재촉하지 않고 아동 자신이 할 수 있는 방식대로 의사소통을 시도하도록 기다려 준다.

- 양과 보조 면에서 하나씩 조화롭게 반응한다. 예를 들면, 아동이 일 음절의 언어 발달 수준이어서 우유를 보고 '우'라고 발성한다면 어른도 '우~'라고 반응하며 ("우유, 이것은 우유지가 아니라") 아동과 한 번씩 주고받는다. 또한 아동이 블록 한 개를 올려놓았다면 어른도 하나만 올려놓고 다음 아동 차례를 기다린다.

- 어른이 기다릴 때 아동이 상황을 진행해 가면서 창조적인 반응을 만들 시간을 준다. 단, 상호작용을 깨거나 종료시킬 만큼 너무 오랫동안 기다리지는 않도록 한다.

전문가 comment

아동과 함께 상호작용하면서 두 가지 상반되는 방식을 적용하고 비교해 보는 것도 도움이 된다. 예를 들면, 한번은 모든 행동과 의사소통을 어른이 주도하면서 놀이해 보고 또 다른 상황에서는 아동이 상호작용하도록 기다리면서 아동의 언어와 행동 수준으로 반응해 본다. 그리고 두 가지 유형에 대해 아동의 반응 결과에는 어떤 차이가 있는지 살펴본다. 아동은 첫 번째보다 두 번째 상황에서 더욱 오랫동안 상호작용을 유지할 것이다.

제5장
민감한 상호작용

민감한 상호작용은 아동이 먼저 만들어 낸 행동과 상황과 맥락에 맞는 반응을 즉각적으로 주는 상호작용이라 할 수 있다. 대부분의 부모는 자녀와 놀이할 때 매우 생동감 있게 마치 만화 캐릭터처럼 재미있게 반응하려고 하고 이렇게 하는 것이 아동과 잘 놀아 주는 것이라고 착각한다. 그러나 정작 아동이 먼저 만들어 낸 행동에 대해서는 무시하거나 반응하지 않는 경우가 많다. 어른이 아무리 에너지를 쏟아 재미있게 놀이하였다 하더라도 아동이 먼저 했던 행동과 직접 관련된 것이 아니라면, 이는 반응적이라 할 수 없다.

부모의 반응성이 민감하고 즉각적인 상호작용이기 위해서는 부모와 아동의 행동 간의 시간 간격이 매우 짧아야 한다. 민감한 상호작용은 아동이 먼저 행동을 만들어 낸 직후 또는 아동이 처음 행동에서 다른 행동으로 전환하기 전에 즉각적으로 일어나야 한다. 그리고 부모의 반응은 아동의 행위뿐 아니라 의도에도 영향을 미친다. 민감한 상호작용을 위해서 부모는 아동의 활동이나 관심에 민감해야 한다. 부모는 아동을 예민하게 관찰하고, 아동의 행동을 지속적으로 살피고, 아동이 현재 응시하고 있는 대상이 무엇인지 그리고 아동의 얼굴 표정은 어떠한지 등 미묘하게 나타내는 의사소통 내용을 간파해야 한다. 예를 들면, 만일 아동이 장난감 냄비와 팬을 장난감 스토브에 두드리고 있다면 부모는 '요리놀이'가 아니라 탁탁 두드리는 소리를 즐기고 있다는 것을 감지하고 이러한 아동의 의도에 반응해 주어야 한다. 민감한 상호작용은 아동이 직접적으로 부모의 반응을 요구할 때 부모가 반응을 해 주는 것뿐 아니라 아동이 직접적으로 요구하거나 반응해 주기를 기대하고 하지 않더라도 아동이 나타내는 미묘한 것들에 대해 서로 반응해 주는 것을 말한다.

1. 아동의 행동 관찰하기

★ 무엇인가?

아동 행동 관찰하기란 아동과 상호작용할 때 아동이 무엇을 하는지를 주의 깊게 관찰하고, 아동 행동의 의미를 해석하기 위한 맥락 단서를 살피는 것을 말한다. 이러한 관찰은 분명한 행동뿐 아니라 미묘한 행동에도 중점을 둔다.

어린 아동의 의사소통하는 능력은 제한적이기 때문에 자신의 생각, 느낌, 요구 사항을 나타낼 때 비언어적 단서를 사용한다. 부모는 아동의 의도를 결정하는 기초로서 아동의 신호 패턴을 상황 맥락과 연결하여 사용할 수 있다. 만약에 어른이 아동으로 하여금 어떤 것을 수행하거나 또는 특정한 어떤 것을 배우게 하기 위하여 어른의 방식대로 한다면, 오히려 아동의 수행을 방해할 수 있다. 대신 어른이 아동이 현재 하는 것을 파악하고 아동에 대해 알아가려 한다면, 어른은 보다 효과적으로 아동이 하고 싶어 하는 것을 학습하게 할 수 있을 것이다.

★ 어떻게 하는가?
- 아동이 다양한 상황에 따라 나타내는 미세한 표시와 소리를 주의 깊게 살핀다.
- 아동에게 무엇을 하도록 제안하기에 앞서 먼저 아동의 행동을 관찰하면서 아동이 한 행동과 왜 그렇게 했을지 결과를 보고 아동의 행동과 의도

사이의 관계를 살핀다.

- 아동이 평소에 하는 일반적인 행동 목록을 만들어 본다. 그리고 아동이 하는 행동을 며칠 (일주일) 동안 그대로 모방해 본다. 아동을 모방하면서 아동이 왜 그러한 행동에 관심을 두게 되었는지 그리고 왜 그렇게 하는지 살핀다.

2. 아동의 표현에 의미 있게 반응하기

★ 무엇인가?

아동의 표현에 의미 있게 반응하기란 아동이 만들어 내는 비의도적인 행동에 부모가 반응해 주며 의사소통하는 것을 말한다. 아동의 비의도적인 표시에 부모가 의미를 부여하여 반응해 줄 때 아동은 자신이 한 행동에 의도를 만들어 점차 결과를 기대하며 행동할 수 있게 된다. 이것이 바로 의사소통이며 의미 있는 대화인 것이다. 어떤 소리나 동작이든지 그것이 일반적으로 상대자에게 영향을 미치는 것이라면 의사소통을 위한 행동이 될 수 있다. 의사소통은 의도적인 의미를 교환하는 것이라기보다는 오히려 사람들 간의 관계라 할 수 있다.

어린 아동이나 언어 발달이 지연된 아동의 경우, 아동이 내는 소리는 감각놀이(sensory play)를 위한 것이지 의도적인 의사소통을 위한 것은 아닐 때가 있다. 그러나 아동이 만드는 모든 행동, 몸짓에 더욱 자주 반응해 줄수록 부모나 다른 사람들과 의미 교환하는 방식을 더욱더 빨리 배우게 된다.

★ 어떻게 하는가?

- 아동이 혼자 놀이를 하면서 무의미하게 만들어 낸 소리나 어떤 분명한 의미나 의사소통을 위한 의도가 없을 때라도 아동이 내는 소리에 습관적으로 반응해 준다.
- 아동이 내는 부정확하고 의미가 없는 말들조차 그대로 모방한다. 이는 아동이 만들어 낸 표현에 의미를 부여하는 것이다. 부모가 아동이 의사소통하는 방식과 다른 말로 반응한다면 부모는 아동이 의사소통할 기회를 제한하며 아동에게 적합한 의사소통 모델을 보여 주지 못하게 될 것이다.
- 아동의 부정확한 언어를 올바로 정정해 주지 않는다. 이는 양적인 면에서 학습을 위해 필요한 대화의 시간과 빈도를 감소시켜 오히려 학습을 저해하기 때문이다.

전문가 comment

전문가는 부모에게 비디오 녹화된 장면에서 나타나는 아동의 놀이 상황에 대해 설명하며 아동의 행동과 의도 간의 관계를 이해시킨다. 부모가 자녀의 행동과 그 의도를 합리적으로 해석할 수 있을 때 아동을 이해할 수 있는 능력에 대한 자신감도 증가하게 된다. 이때 전문가는 부모가 부정확하게 인식하고 있는 것이나 의도에 대해 잘못된 해석을 하는 것에 대해 정정해 주거나 '그렇지 않다'라는 식의 부정으로 표현하지 않도록 주의해야 한다.

제6장

아동 주도적인 상호작용

　반응적인 부모는 아동에게 지시하지 않고 아동이 만들어 낸 수행에 잘 반응해 주고자 노력한다. 비지시적인 상호작용은 반응성을 설명하는 데 결정적인 요인이라 할 수 있으며(MacDonald & Grillette, 1984), 반응적인 부모는 아동에게 지시와 지침의 횟수를 줄이려고 노력하며 자녀에게 지시하려 하기보다는 아동이 만들어 낸 행동에 반응해 주는 경우가 더 많다. 아동이 주도하는 상호작용을 하는 것은 아동에게 어른의 행동을 통제하는 법을 배울 기회를 주는 동시에 어른의 요구에 어떻게 반응하는 것이 좋은지 배울 기회를 주게 된다.

　아동이 가지고 노는 것은 무엇이든지 그 순간에 아동에게는 흥미로운 것이며, 아동이 흥미 있어 하는 활동에 동기 부여가 잘 된다. 따라서 아동이 주도하는 대로 따르는 것은 아동의 관심에 반응하고 있는 것이다. 아동이 흥미 있어 하는 것에 더 많이, 더 자주 반응해 줄수록 아동은 더 많은 것에 관심을 보일 것이고, 이러한 흥미는 더욱 강력하게 나타날 것이다. 관심이 많아질수록 관심의 강도 또한 더욱 강해질 것이다.

1. 질문 없는 의사소통하기

★ 무엇인가?

부모는 아동에게 무언가를 하라고 요청하면서 아동이 하는 행동들을 통제하려고 애쓴다. 질문 없는 의사소통이란 아동과 상호작용할 때 아동을 통제하거나 아동에게 지시하는 횟수를 줄이는 것을 말한다. 부모는 질문, 부가 설명 또는 비언어적 행동을 사용하여 아동에게 무엇인가를 하도록 요구하지만, 지나치게 많은 질문을 하고 요구한다면, 아동의 흥미를 방해하고 아동으로 하여금 강제로 어렵거나 하기 싫은 활동에 참여하도록 하게 하는 것이다. 결국 아동은 지시적인 부모와의 상호작용을 피하거나 부정적으로 반응할 수 있다. 부모가 자주 질문하고 요구하며 제안하고 지시적으로 상호작용할수록 아동은 상호작용에 적극적으로 참여하지 않는다.

아동의 학습은 자신이 선택한 활동을 주도하는 상황에서 성취된다. 아동과 놀이를 하거나 상호작용할 때 어른이 질문을 많이 하면 할수록 아동이 자신의 활동을 주도하는 기회는 줄어들게 된다.

★ 어떻게 하는가?

• 아동과 상호작용할 때, 아동에게 질문하기보다는 아동이 지금 하는 것과 관련된 정보를 제시한다. 이는 상호작용을 즐겁고 재미있는 것으로 인식하도록 한다.

• 아동과 상호작용할 때, "이게 뭐지?", "어떻게 하는 거지?"와 같은 형식으로 질문하는 것을 멈춰 본다. 실제로 부모가 얼마나 아동이 하는 것에 대해 지시적이었는지를 인식하게 될 것이다.

• 질문을 했을 때 응답하지 않는 질문을 반복해서 재촉하지 않는다. 상황에 따라 아동에게 무엇을 하도록 요청할 수 있지만, 이때 주의할 것은 아동이 이미 하는 것과 관련이 있는 것이어야 한다.

- 아동이 놀잇감을 가지고 놀이할 때 아동이 선택한 방식이 아니라면 굳이 그 놀잇감의 원래 방식대로 놀도록 강요하지 않는다.

2. 아동의 방식대로 행동하고 대화하기

★ 무엇인가?

아동의 방식대로 행동하고 대화하기란 어른은 아동의 거울이 되어 아동의 행동이나 활동을 반영해 주는 것을 말한다. 아동이 현재 하는 것을 아동의 방식대로 따라 반응하는 것은 아동과 상호적 관계를 형성하며, 아동으로 하여금 상대(어른)를 통제할 수 있는 기회를 주는 것이다. 어른이 아동이 시작한 말 또는 행동을 그대로 따라 하면, 상호작용할 때 아동은 어른과 함께 있는 것에 즐거워하고 통제감을 느끼며 더욱 능동적으로 주의를 집중하게 된다. 만일 아동의 발달 수준을 넘어서는 어려운 수준의 반응을 한다면, 아동은 어른의 반응에 의미를 두고 집중하기 어려워진다.

따라서 아동이 현재 하는 것을 어른이 따라 해 주는 것은 자연스럽게 아동이 주도할 기회를 만들어 주는 것이며, 아동은 주도할 기회를 많이 가져봄으로써 능동적으로 스스로 활동을 시도하고 어른과 함께 상호작용을 이끌어 가는 데 자신감을 갖게 된다.

★ **어떻게 하는가?**

• 아동의 행동 중 몇 개를 모방하여 상호작용한다. 그리고 이때 아동의 반응을 관찰한다.

• 아동이 지금 가지고 노는 놀잇감이나 사물을 가지고 아동과 같은 방식으로 상호작용한다. 아동이 선택한 또는 좋아하는 놀잇감이나 물건을 가지고 상호작용을 시작한다.

• 아동의 발달 수준에 맞추어 반응해 준다. 예를 들면, 아동이 이음절의 의사소통 수준이어서 "아가?"라고 말하면 어른은 이음절 수준으로 그대로 "아-가-" 정도의 발성만으로 반응해 준다.

• 모방은 아동의 행동을 확장하고 촉진하지만, 바람직하지 않은 행동은 모방하지 않는다. 즉, 강화시키지 않는다.

제7장
재미있는 상호작용

반응적인 부모는 자녀와 함께할 때 표현이 다양하고 만화 캐릭터처럼 생동
감 있어 보이는 제스처를 취하며 자녀와 함께 있는 것 자체에 대한 즐거움을
나타낸다. 아동은 부모와 함께 활동하면서 자주 즐거움과 흥분된 반응을 보
인다. 부모의 애정적인 태도만 가지고 반응적이라 정의할 수는 없지만, 애정
적인 표현은 아동이 부모와 함께 상호작용하는 것에 흥미를 가지도록 해 주
고 상호작용의 목적이 재미나게 노는 것임을 알려 주는 것이다.

1. 일상 중에 재미있게 상호작용하기

★ 무엇인가?

일상 중에 재미있게 상호작용하기란 일상적인 아동을 돌보는 활동, 즉 옷
입히기, 밥 먹이기, 목욕 시키기, 잠재우기, 장소를 이동하기 등을 재미있게
바꾸어 보는 것을 말한다. 부모는 누구보다 아동의 주의를 끄는 데 효과적이
기 때문에게 아동은 부모로부터 더 많은 것을 배운다. 아동 주변에 있는 놀
잇감이나 도구들보다는 부모를 통하여 사회화되고 의사소통하는 방식을 배

운다.

　어른들도 하고 싶지 않은 무언가를 하도록 요청받을 때 그것이 자신에게 흥미롭지 못하다면 자신의 능력 범위를 넘어서는 것이 아닌데도 곧바로 순응하지 못하고 자신이 하고 싶은 활동을 유지하려 할 것이다.

　이와 같은 이유로 인하여, 아동은 부모의 요구에 협력하지 못하고 어려움을 겪을 수 있다. 강압적으로 어른의 요구에 따르도록 이끌고 목표를 달성했다 하더라도 이는 일시적이며 관계는 더욱 악화되고 지속적이지 못하다. 스트레스적인 시간보다 즐거운 시간 동안 아동은 더 오래 상호작용하며 머물며, 어른과 즐겁게 함께 머물러 있는 동안 학습도 쉽게 이루어진다. 어른이 강압적인 양식으로 아동의 행동이나 말을 일시적으로 제지할 수는 있지만, 이것은 해결이 아니라 말 그대로 일시적인 저지일 뿐이다. 또한 어른이 아동의 행동에 대해 이와 같은 강압적인 태도로 저지했을 때 아동과의 관계는 더욱 어려워지고 이후 상황에서 둘 간의 신뢰로운 상호작용은 기대할 수 없을 것이다.

★ 어떻게 하는가?

- 아동이 좋아하는 TV나 영상 속 캐릭터처럼 행동한다. 아동이 보는 TV나 영상 프로그램을 보고, 아동이 주의 깊게 보는 장면이나 행동을 흉내 내어 본다.
- 아동이 즐거워하는 것을 함께 한다. 아동이 좋아하는 놀잇감에 흥미를 보이고 재미있어할 때, 그 장난감을 가지고 아동과 함께 놀이하면서 아동의 세계로 들어가도록 한다.
- 아동이 어떤 상황에서 짜증을 내거나 요구에 거부적인 태도를 나타낼 때, 강압적으로 순응하도록 이끌기보다는 아동과 함께 노래를 하거나 장난스럽게 그 상황을 놀이적으로 만들어 본다. 예를 들면, 부모의 요구에 "싫어", "안 해"라는 거부적 표현을 한다면, 간지럼을 태우거나 장난을 치면서 "정말 싫어~"라고 장난처럼 반응한다.

- 평소에 아동이 어떤 행동에 웃음을 만들어 내는지 염두에 두었다가, 일상 중 어른에게 비협조적인 상황에서 이러한 행동을 시도해 본다.

2. 생동감 있게 표현하기

★ 무엇인가?

생동감 있게 표현하기란 아동과 상호작용할 때 재미있는 표정을 만들어 내고 아동이 내는 소리나 행동을 사용하여 놀이 식으로 반응하는 것을 말한다.

아동은 아동처럼 행동하는 어른 그리고 재미있는 어른과 더 오래 상호작용하며 즐거움과 재미를 느끼며 활동에 오랫동안 머물러 있는다. 따라서 의식적으로 생동감 있게 행동할 때 아동은 어른에게 주의를 두고 쉽게 상호작용 안으로 들어와 지속할 수 있다. 부모가 교사처럼 아동을 대하고 가르칠 때보다, 놀이 상대자로서 상호작용할 때 아동은 더 많은 것을 학습하게 된다. 어른이 생동감 있게 상호작용할 때 어른과 아동 모두 서로 함께 있는 것 자체를 더 즐기게 되고, 아동은 어른과 함께 상호작용하는 것이 즐거운 활동임을 배우고 어른과 함께하는 기회를 늘리게 된다.

★ 어떻게 하는가?

- 아동과 함께 놀이할 때 동작을 과장되게 표현한다. 어른이 아동의 관심을 끄는 방식으로 또 예측할 수 없는 방식으로 동작을 보일 때, 아동은 어른의 움직임에 보다 가까이 다가와 주의를 집중하게 된다.
- 아동과 함께 상호작용하는 동안, 아동과 눈을 마주쳤을 때 어른이 눈을 크게 뜨거나 입을 크게 벌리는 식으로 보다 과장된 제스처로 반응해 준다.
- 본래 아동에게 생동감 있게 대하는 사람일지라도 그 상황을 놓치지 않고, 아동의 행동에 즉각적으로 반응해 주도록 의식적으로 노력한다.

전문가 comment

어른이 강압적인 양식으로 아동의 행동이나 말을 일시적으로 제지할 수는 있을 것이다. 그러나 이것은 해결이 아니라 말 그대로 일시적일 뿐이다. 어른이 아동의 행동에 대해 강압적인 태도로 저지했을 때 아동과의 관계는 더욱 어려워지고 이후 상황에서 둘 간의 신뢰로운 상호작용은 기대할 수 없게 된다.

제3부

반응성 상호작용 확장

반응적인 부모는 자주 아동의 선택에 반응해 주고 지지해 줌으로써 아동이 능동적으로 활동에 참여하고 스스로 선택한 것을 배울 기회를 증진시킨다. 즉, 스스로 자신의 능력을 최대화하도록 지지해 주는 협력자가 되어 준다. 우리는 앞에서 아동의 능력을 최대한 발휘할 수 있도록 도와주는 반응성 상호작용 전략에 관하여 살펴보았다. 다음에서는 반응성 상호작용 전략 적용의 확장으로 아동의 발현의 촉진하고 반응적으로 훈육하는 방법, 그리고 부모로서 스스로 반응적인 부모를 정의하면서 가질 수 있는 오해에 대해 살펴보고자 한다.

1. 환경 변화시키기

★ 무엇인가?

아동이 세상을 더 자세히 살펴보고 해결책을 탐색하고 찾아보도록 도전하게 하기 위하여 친숙하던 환경에 작은 변화를 만들어 줄 필요가 있다. 환경을 변화시키고 아동이 이전과 다른 방식으로 무엇인가를 해 보도록 촉진하기 위한 방법으로, 예를 들면, 장난감 부엌 서랍 안에 항상 놓여 있는 도구와 항상 같은 선반 위에 놓여 있는 책들을 다른 자리로 옮겨 본다. 환경을 변화시키는 것은 융통성을 높이고 아동이 의식화된 행동에서 벗어나도록 도울 수 있다.

★ 어떻게 하는가?

- 아동이 일상에서 흔히 하는 행동들을 관찰한다. 그리고 아동이 일상에서 반복적으로 하는 그 패턴에 새로운 것을 추가시킨다.
- 아동이 소꿉놀이를 하는 것을 좋아한다면, 그리고 엄마는 아동에게 새로운 '바나나'라는 개념을 가르치고 싶다면 소꿉놀이 도구에 바나나를 하나 첨부해 놓는다. 그리고 새로운 변화에 대한 아동의 반응을 살핀다.

2. 아동의 의도를 명확히 표현해 주기

★ 무엇인가?

아동은 그 순간에 경험하는 것과 관련된 것을 어른이 적합한 단어로 반응해 줄 때 언어를 가장 잘 배운다. 그 상황에 맞지 않는 생소한 단어를 일부러 제시하여 가르치기보다는 아동이 현재 경험하고 있는 행동, 감정 그리고 의도에 맞는 단어를 사용하여 표현한다.

아동이 일상에서 보고 만지고 듣고 또는 느끼는 것과 직접적으로 관련이 있는 한두 단어로 구성된 문장을 사용할 때 단어를 더욱 빠르게 배울 수 있다. 아동이 지각하고 경험하는 것들을 민감하게 관찰하고 아동이 경험하는 감정이나 느낌을 단어로 표현해 준다. 이때 아동의 언어 발달 수준에 맞게 의사소통하는 것이 중요하며, 아동에게 어른이 모델링이 되어 준 것과 똑같이 따라 하도록 강요하지는 않는다.

★ 어떻게 하는가?

• 아동이 일상에서 하는 부정확한 표현을 아동의 의도대로 표현한다. 이 때 수정의 의미와는 다르다. 예를 들면, 아동이 우유를 보고 "유~우"라고 한다면, "우~유"라고 아동이 마치 "우유" 한 것처럼 반응해 준다. 이는 "우", "유", "우유지"라고 강하게 말하며 교정하라는 의도와는 다른 반응이다.

• 모든 문장을 다 표현하지 않아도 억양으로 충분히 의도를 전달할 수 있다. "우유?" 하고 끝을 올리는 것과 "우~~유~~~" 하며 늘어뜨리며 말하는 것은 그 의미가 매우 다르다. 처음 표현은 "뭐, 우유라고?"라는 반어 의미가 있다면, 후자는 "아, 우유라고 말했구나"라는 이해 공유의 의미다.

• 아동의 언어를 늘리기 위해서는 먼저 아동이 많은 발성을 자발적으로

해 주어야 한다. 원활한 의사소통과 언어 발달을 위해서는 아동이 정확하게 표현하기에 앞서 어떤 발성이든 많이 해 보고 연습이 중요하다.

3. 다음 발달 단계를 보여 주기

★ 무엇인가?

아동과 놀이하며 의사소통할 때 다음 단계를 보여 주고 이에 대한 아동의 반응을 살펴본다. 이때 중요한 것은 아동에게 새로운 의미와 목적을 보여 주는 방법으로 확장(expansion)해 주는 것이 아동이 하고 있는 행동이나 활동과 관련 있는 것이어야 한다. 부모는 아동이 수행한 행동의 의도나 목적을 그대로 표현하면서 아동이 현재 하는 것에서 조금만 복잡한 형태를 제시한다. 예를 들면, 아동이 세 개의 블록으로 탑을 쌓았다면, 어른은 그 위에 한 개를 더 올려 보며 확장할 수 있다.

확장은 아동이 현재 하고 있는 활동 안에서 확장하는 것이며 새로운 활동으로 전환하는 것은 확장이 아니다. 만일 아동이 부모의 확장 내용을 따르고 싶어 하지 않는다면 강요하지 않고 아동이 원래 하던 활동으로 돌아가도록 한다. 그리고 확장 내용이 아동의 발달능력 범위 안에 있는 것인지 아동의 흥미와 감각에 맞는 것인지 살펴보아야 한다. 만일 그것이 아동이 알아야 한다고 판단하여 계속 이어 간다면 이는 아동에게 지시가 되어 아동의 흥미는 더욱 떨어지게 될 것이다.

★ 어떻게 하는가?

• 아동의 발달 수준과 성취 영역을 확장시켜 나가기 위해 아동의 현재 수준보다 조금 상위의 발달능력을 제안해 본다. 이는 발달 레인보우(김정미 역, 2010)와 같은 아동의 발달 수준별로 나열되어 있는 발달 목록을 이용하면 편리하다.

- 주의할 것은 아동에게 다음 단계는 새로운 자극이므로 아동에게 이와 같은 새로운 자극을 제시했을 때 아동이 흥미를 보인다면 그대로 진행할 수 있으나, 만일 아동이 별 흥미를 보이지 않는다면 그것은 아직 아동의 능력 수준과 흥미 수준을 벗어나는 것이므로 곧바로 철회해야 한다.

4. 아동이 반응을 만들어 내도록 기다려 주기

★ 무엇인가?

아동이 '이전의' 미성숙한 행동을 만들어 낼 때 경우에 따라서는 반응하기를 기다려 줌으로써 아동이 상위 수준의 행동을 사용하도록 촉진할 수 있다. 아동은 쉬운 행동을 수행하는 것을 더 좋아한다. 기다려 주는 것은 아동이 이미 할 수 있는 것을 수행하도록 격려해 주는 것이고, 아동은 자신이 더욱 성숙한 행동을 어떻게 하는지 안다는 것을 어른에게 보여 줄 수 있는 기회다. 때때로 어른들은 아동에 대해 아직 어려서 또는 미숙해서 할 수 있는 것이 없고 모를 것이라고 단정한다. 하지만 못하는 것이 아니라 할 기회를 주지 않았는지도 모른다. 아동들은 어른보다 조금 느리다는 것을 이해하고 기다려 주는 것이 필요하다. 아동이 침묵하는 것은 무엇을 할지, 어떻게 할지 고민하는 시간일 수 있다. 따라서 침묵도 반응이다.

★ 어떻게 하는가?

- 아동에게 질문하거나 어떤 것을 제시할 때 아동의 반응이 일어날 때까지 기다려 준다. 하나의 반응을 주었다면 아동으로부터 하나의 피드백이 올 때까지 기다려 주어 주고받기 식의 균형 있는 상호작용이 되도록 한다. 이때 약 5초 정도 기다려 줄 수 있다.
- 아동이 기다리는 동안 5초 이내에 행동을 만들어 내지 않는다면, 원하는

행동에 대해 간단하게 모델링을 보여 주고 아동이 행동을 모방하거나
만들어 내도록 강요하지 않으면서 지속해서 상호작용하도록 한다.

제9장

반응적 훈육

1. 즉시 훈육하고 위로하기

★ 무엇인가?

아동이 부적응행동을 하는 것은 아동 개인적인 발달 면에서나 사회적응 면에서도 바람직하지 않으며 이러한 행동을 멈추도록 즉시 훈육해야 한다. 그렇다고 해서 부적응행동을 멈추는 그 자체에 초점을 두어 강압적으로라도 저지해야 한다는 의미는 아니다.

효과적인 훈육을 위해서는 먼저 즉각성(timing)이 중요하다. 아동이 부적응행동을 하고 있는 그 순간 또는 직후 즉각적으로 훈육하고 훈육한 후 몇 분간 아동을 진정시켜 주어야 한다. 왜냐하면 반응적 훈육은 아동 자신의 행동에 대해 훈육을 받았지만, 부모는 여전히 평소와 같이 자신을 사랑하고 있다는 것을 인지하는 것이 중요하기 때문이다.

여기서의 훈육은 즉각적으로 주어져야 한다고 했는데 이것은 학습이론의 관점과는 매우 차이가 있다. 학습이론에서는 훈육하고 얼마간 아동을 위로한다면 그것은 아동의 바람직하지 못한 행동에 대해 좋은 결과를 주는 것이라고 본다. 하지만 반응적 훈육에서는 관계의 중요성을 강조하는 것이다. 즉,

어른이 훈육하고 싶은 초점은 아동의 부적응행동이지 아동과의 관계가 아니라는 점이다. 그런데 이러한 경우 아동은 어른의 생각과는 달리 어른이 자신을 미워한다고 생각할 수 있다. 반응적 훈육에서는 부적응행동에 초점을 두지만 아동과의 관계를 해치지 않고 신뢰를 유지하는 방법을 제안하고 있다.

자녀와 신뢰로운 관계가 형성되어야 자녀의 훈육도 효과적으로 이루어지게 될 것이다. 만일 아동을 훈육하지만 아동의 행동에 변화가 없고 제대로 훈육되었다고 생각되지 않는다면, 아동과 만족스럽게 상호작용하지 못하는 사항들에 대해 생각해 보아야 한다.

★ 어떻게 하는가?

- 반응적인 부모는 아동의 흥미와 관심에 1차적 초점을 두지만 그렇다고 해서 이것이 아동의 모든 것을 허용하는 부모는 아니다. 반응적인 부모는 먼저 아동 중심적인 상호작용을 하지만 아동의 행동에 대해 몇 가지 즉각적 훈육의 기준이 있다. 첫째, 아동의 현재 행동이 아동의 안전 또는 안정을 해치는가다. 예를 들면, 아동이 칼을 가지고 장난하는 것을 따라 하며 상호작용하지는 않는다. 둘째, 아동의 행동이 가족규칙이나 사회규칙을 벗어나는가다. 예를 들면, 아동이 행동 중 장난으로 엄마의 뺨을 때리거나 밖에서 다른 사람에게 침을 뱉는다면 이것을 그대로 따라 하며 상호작용하지는 않는다.

- 아동이 상황에 맞지 않는 부적응행동에 대해서는 즉각적으로 훈육한다. 즉각적인 훈육은 아동의 바람직하지 않거나 해로운 행동에 대해 일어나는 자연스럽고 즉각적인 결과로 생각하게 한다.

- 훈육을 할 때는 아동의 주의를 모으고 잘못하고 있다는 것을 알게 할 만큼 충분히 단호하고 영향력이 있어야 한다. 단, 훈육이 아동에게 신체적으로 상처를 주거나 관계를 해쳐서는 결코 안 된다.

2. 부적응적 행동에 반응하기

★ 무엇인가?

아동은 때때로 자신의 요구를 표현하는 방식으로 울거나 찡얼대면서 반응한다. 행동주의 관점에서는 이러한 행동을 부적응행동의 표현이라 간주하고 애정적으로 반응해 주는 것은 부적응행동을 더 부추기는 결과를 가져오는 것이라고 설명한다. 그래서 아동이 이러한 반응에 무시하거나 때론 강압적으로 제지한다. 한편, 반응적 훈육 관점에서는 이러한 아동의 요구 표현은 부적응적인 표현 방식이라 할지라도 반응해 주도록 한다(예: 공감하기, 반응하기 등). 이러한 행동은 결국 어른의 관심을 얻기 위한 아동의 노력이며, 이에 대해 어떻게 반응해 주는가가 아동이 스스로 사랑받고 있고 편안하다는 정서적으로 안정감을 갖는 데 도움이 되기 때문이다. 아동이 보이는 외현적 행동에 초점을 두기보다 아동이 현재 느끼는 심리적 어려움을 이해하고 공감해 줌으로서 정서적 안정을 가지도록 한다. 그리고 궁극적으로 아동이 스스로 감정 조절을 할 수 있는 힘을 키워 준다.

아동이 가지는 안정감은 부모가 아동에게 필요한 때에 안정을 주고 자신을 잡아 줄 것이라는 확신이 있을 때 생겨난다. 아동이 관심을 끌려고 하는 요구에 반응한다고 해서 아동이 버릇없어지는 것은 아니다. 오히려 그것은 아동에게 부모의 사랑과 애정을 확인시켜 주고 스스로 자신의 감정을 통제하고 불안해하는 요소를 효과적으로 대처하는 방법을 배울 수 있도록 해 준다.

★ 어떻게 하는가?

- 부모는 아동이 관심을 끌기 위한 요구로 나타내는 울음이나, 그 밖의 표현에 대해 온정과 애정으로 반응해 준다. 생후 첫 2년 동안, 부모는 아동의 요구에 가능한 한 즉시 주의를 주며 민감하게 반응해 주어야 한다. 그리고 점차 부모의 대처기술이 좋아짐에 따라 부모가 좀 더 오랜 시간 동

안 반응을 지연하더라도 아동은 부모를 믿고 기다릴 수 있게 된다.

- 아동이 관심을 끌려고 하는 요구를 무시하지 않는다. 아동이 부모에게 관심 받고 싶어 하는 것은 지극히 정상적이다. 아동의 부적절한 행동과 부모의 관심 행동이 일어나는 상황을 관찰하고 전후 연합관계를 기록한다.
- 부모는 아동이 울고, 짜증낼 때, 아동을 안아 주고 현재 감정을 공감하는 말로 반응하며 부드럽게 아동을 토닥거려 주면서 진정시켜 준다. 그리고 강압적으로 저지했을 때와의 차이를 비교해 본다.

3. 아동의 두려움을 의미 있게 대하기

★ 무엇인가?

생의 초기에 아동들은 일반적으로 그리 무섭게 보이지 않는 사람, 장소, 빛, 소리 등에 두려움을 나타내기도 한다. 아동이 느끼는 두려움은 다른 사람과 사건들에 대한 이해가 아직 완전하지 않기 때문에 나타나는 것이다. 아동이 발달함에 따라 사람, 장소, 감각에 대한 이해는 점차 발전하고 세상에 대한 두려움도 차츰 줄어들게 된다. 예를 들면, 낯선 사람에 대한 두려움은 대략 8~12개월 사이에 나타나는데, 이 시기가 보통 영아들에게는 부모만이 자신을 보호해 주고 지지하는 유일한 대상이라고 여기는 시기이기 때문이다. 부모는 "괜찮아, 괜찮아.", "그만, 엄마가 있잖아."라고 말하며 위안을 주고자 한다. 하지만 심리적 불안감은 스스로 안정된다는 믿음이 형성되는 것이 일차적이다. 따라서 아동이 느끼는 불안감을 낮춰 주기 위해서는 아동의 정서를 안정감 있게 유지시켜 주는 것이 필요하다.

★ 어떻게 하는가?

- 아동이 어떤 특정 장소 또는 대상에 대해 불안을 느끼고 무서워할 때 부모는 아동의 두려움을 받아들이고 공감해 준다. 예를 들면, 아동이 작은

강아지를 보고 "무서워!" 하며 두려워하면 부모는 "무서워~"라고 반응해 주거나 또는 "엄마가 가려 줄게."라고 반응해 주며 아동이 두려워하는 대상을 그대로 인정해 준다.

- 부모는 아동이 두려워하는 특정 장소 또는 대상이 반복된다면 사전에 목록을 기록해 둔다. 그리고 그러한 사건에 부딪혔을 때 미리 그 두려움의 대상을 직면할 것임을 기대하도록 일러 준다.
- 부모는 아동이 두려워하는 것에는 이유가 있음을 이해해야 한다. 그리고 부모의 입장에서 그것은 별거 아니라는 태도보다는 아동의 입장에서 그대로 이해하고 아동이 왜 그 대상에 대해 두려워하는지를 대화하거나 또는 관찰로 이해하도록 한다.

● 사례 ●

어떤 아동이 마네킹 얼굴을 매우 무서워하여 백화점에 갔을 때 마네킹이 있는 골목을 지나가지 못한다. 이때 엄마는 줄곧 "괜찮아. 마테킹이 뭐가 무서워. 움직이지도 않잖아. 그리고 엄마가 있는데 뭐. 괜찮아." 하면서 아동의 불안을 진정시켜 주려 했으나 그럴수록 엄마가 손을 끌어당길수록 아동의 불안은 더욱 커지고 심지어 울음을 일으키는 수가 많았다. 다른 방법으로 엄마가 마네킹 앞에서 "'아우. 무서워' 엄마가 가려 줄게." 하며 반응해 주고, 다음 기회에는 미리 "저기 마테킹 있는데. 이쪽으로 가지 말까?"라고 예견해 주었을 때. 아동은 점차 안정을 가지고 스스로 자신의 불안을 조정할 수 있는 힘이 생기고 엄마에게 "나 가려 줘."라며 그 앞을 지나 갈 수 있었다.

4. 불순종을 선택이나 능력 부족으로 해석하기

★ 무엇인가?

아동은 자신에게 하도록 요구한 것에 따르지 않는 방식으로 자신의 의도를 전달하기도 한다. 아동의 입장에서 보면 흔히 말을 안 듣고 부모의 의사에 반하여 투정하는 것은 다 이유가 있기 때문이다. 그 이유를 정리해 보면, ① 부모가 자신에게 하도록 요구하는 것이 너무 어려운 것이거나, ② 아동이 별 흥미가 없을 때다. 부모가 아동에게 하도록 요구하는 것이 대단히 중요하지 않다면, 부모가 아동과 바람직한 상호작용을 효율적으로 유지하기 위해서는 아동에게 선택할 기회를 주고 그것을 수용하는 것이다.

★ 어떻게 하는가?

- 아동이 부모의 말을 따르지 않는 것에 대해 부모는 먼저 아동이 할 수 있는 것을 요구했는지 살펴본다. 또한 아동이 순종하지 않은 것도 여러 사항 중 그렇게 하지 않기로 한 아동의 선택임을 생각해 본다.
- 부모가 이렇게 생각하는 것이 아동의 불순종을 조장하거나 가르치는 것이 아님을 인식한다. 이는 아동의 현재 제한능력과 흥미를 이해하고 반응해 주는 것이며 오히려 아동의 협력을 더욱 쉽게 이끌어 내는 절차다.
- 부모가 아동의 제한능력과 요구 사항을 알고 이에 반응해 줄수록, 더욱 성공적으로 아동의 자발적인 협력을 이끌 수 있다.

● 사례 ●

어느 날 엄마는 TV속 드라마에 폭 빠져 있었다. 정신을 차리고 보니 아동이 화장실에서 양동이 하나를 거실로 가져와서는 바가지 물을 계속 나르고 있는 것이었다. 아동이 어리다 보니 조정이 미숙하여 물은 이미 거실 바닥에 여러 번 흘려 물이 흥건하였다. 엄마는 아동이 미끄러질까 봐 걱정도 되고 거실에서 물장난이란 맞지도 않는 상황이라서 "야. 너 지금 뭐하는 거야. 이게 무슨 짓이니!"라고 호통을 치고 그만 하도록 요구하였다. 하지만 아동은 그만하라는 요구가 황당한 듯 엄마를 쳐다보았다. 엄마는 그러한 아동의 태도가 화가 나서 야단을 치고 거실을 치웠다. 얼마 후 아동이 울음을 그치고 진정된 후 안쓰러운 마음에 아동을 달래며 앉아 아동 이야기를 들어 보니, 아동은 엄마가 드라마를 너무 재미있게 보고 있고, 자신은 엄마와 물놀이를 하고 싶어서 물을 엄마가 있는 거실로 옮기면 엄마는 좋아하는 드라마를 보면서 자신과 물놀이를 할 수 있겠다고 판단한 것이다. 엄마가 보기에 황당한 아동의 판단은 결국 아동의 엄마에 대한 배려였고 엄마에 대한 불순종은 아동의 선택이었던 것이다.

제**10**장
반응적인 부모에 대한 재고찰

1. 허용적인 부모 vs 반응적인 부모

아동 중심적으로 생각하고 판단하는 부모를 반응적인 부모라 할 수 있다. 이는 무조건 아동의 의견대로 따르는 허용적인 부모와는 다르다. 반응적인 부모는 현재 아동의 발달 수준과 타고난 기질 그리고 현재의 감정 상태 등을 두루 관찰하고 거기에 맞게 적응적으로 대한다. 또한 부모의 흥미나 기대, 혹은 예정된 목표에 따라 아동을 이끌기보다는 아동 스스로 주도하는 활동을 격려하고 지지한다. 상호작용의 초점과 주제 역시 아동 스스로 선택하여 이끌어 가도록 격려해 준다. 그리고 이러한 상호작용 방식은 대부분 놀이적인 방법으로 이루어진다.

이렇게 일상 속 짧은 생활 에피소드에서 자녀와 반응적으로 상호작용하는 것은 아동의 성장 발달에 매우 큰 영향을 미친다. 말과 행동은 물론 기본적인 학습능력을 향상시키고, 아동이 "네, 엄마"로 반응하는 긍정적인 정서를 지닐 수 있도록 하려면 무엇보다 부모가 먼저 아동의 행동에 반응적이어야 한다. 이는 아동이 하는 모든 행동을 무조건 참고 허용하는 것을 의미하지 않는다.

'반응'이란 결코 '조건 없는 허용'을 뜻하는 것이 아니다. 아동은 어떤 규칙도 없이 자유롭게 '네가 알아서 해라'는 식으로 내버려 둘 때 오히려 불안을 느끼게 된다. 자발적인 선택을 중요시하되 먼저 아동의 발달 수준에 적합한 환경을 조성해 주는 것이 필요하다. 예를 들면, 직장인들이 점심 때, 식당 주변에서 '무엇을 먹을까' 고민하는 것을 생각하면 이해가 쉬울 것이다. 부모는 아동의 발달과 성향에 맞는 울타리가 되어 주고, 그 범위 안에서 자신의 주도를 가질 때 안정감과 자신감을 느낄 수 있다. 때때로 아동의 발달 수준에 맞는 규칙은 아동의 상상력과 자신감을 해치기보다는 오히려 아동에게 안정감을 준다. 예를 들면, 아동이 밖에서 친구들에게 침을 뱉는다면 이것은 사회적으로 바람직하지 않기 때문에 분명히 제지를 해야 한다. 이러한 부적응행동을 하면 안 된다는 규칙을 깨닫도록 해야만 아동이 사회에 잘 적응할 수 있기 때문이다. 이 경우, '침을 뱉고 싶다'라는 아동의 생각까지는 막을 수 없을 것이다. 규칙은 '생각을 제한하는 것이 아니라 그렇게 해서는 안 된다'라는 사회적 관계를 배우는 것이다.

특히, 영아가 성숙하면서 유아기로 접어들어 심리적으로 '자아'를 형성하는 시기가 되면서부터는 자기에게 주어진 수많은 상황 앞에서 자신의 행동이 도덕적으로 옳은 것인지 아닌지를 판단하게 된다. 또한 즐거운 것과 그렇지만 사회적으로 해서는 안 되는 것 사이에서 규칙을 배워 간다. 집에서는 별문제가 되지 않았던 행동이지만 어린이집, 유치원이라는 공동 생활을 하는 '사회'에서는 어떤 규칙이 존재하고, 하면 안 되는 행동이기도 하다. 아동의 생각과 행동을 존중해 주는 것은 중요하다. 그러나 사회관계를 배워 가는 과정에서는 제한과 규칙도 필요하며, 자기 조절을 배우지 못한다면, 아동은 자신의 충동과 부정적인 감정에 대해 어떻게 대처해야 할지 알 수 없어 사회적으로 고립된 관계를 형성할 수도 있다.

반응적인 부모는 아동 중심적인 상호작용을 한다. 그러나 무조건 아동의 요구를 받아 주고 아동의 행동을 허용만 하는 것과는 다르다. 규칙을 가지며 아동의 발달과 능력 수준에 맞는 제한을 두고 그 안에서 자유롭게 아동의 선택과 수행을 지원한다.

2. 애정적인 부모 vs 지시적인 부모

반응적인 부모는 따뜻하고 온정적으로 아동과 상호작용한다. 어떤 부모는 "나는 이미 아동에 대해 애정적이야!"라며 자신을 반응적인 부모로 규정하기도 한다. 하지만 애정적인 부모가 꼭 반응적인 부모라고 단정 지을 수는 없다. 부모가 부드럽고 따뜻한 말투로 대화할 때 우리는 '애정적이다'라고 생각할 수 있다. 하지만 그렇게 자상한 목소리일지라도 언제나 부모가 주도해 가며 아동에게 끝없이 무엇을 지시하고 요구한다면 아동은 자신이 주도하고 있고 현재 인정받고 있다는 느낌을 받을 수 없다. 예를 들면, 다정한 목소리로 어머니가 "와, 여기 책 많네?", "저기 의자로 가서 읽어 볼까?", "내가 먼저 읽을게. 다음에 네가 읽어 봐."라고 말하며 아동이 자신의 행동에 대해 미처 생각해 보기도 전에 어머니가 다음 행동을 제안한다면 이것은 부모 주도적이라고 할 수 있다. 어머니는 계속해서 먼저 아동에게 제안하고 자신의 의도대로 아동을 이끌기 때문이다. 아동의 의도를 무시한 채 부모 주도로 활동을 이끈다면 아동은 그 상황에 오래 머물러 있지 못하고 도망가 버린다. 이러한 부모는 비록 온화한 태도로 대하지만, '지시적인 부모' 유형이라 할 수 있다.

지시적인 부모는 반응적인 부모와는 반대로 요구, 지시, 암시 등 여러 방법을 통해 아동이 부모의 의도대로 움직여 주기를 기대하고 이끈다. 그래서 아동이 다음에 해야 할 행동을 먼저 제안하고 그렇게 하도록 요구한다. 사소한 것조차 일일이 간섭하고 심지어 억지로 팔을 잡아끄는 등 물리적인 방법을 동원하기도 한다. 중요한 것은 부모의 지시성은 아동과의 관계 형성은 물론 아동들의 인지와 언어능력을 촉진하는 데 있어서도 가장 위험한 요소라 할 수 있다.

아동이 스스로 자신의 능력을 마음껏 펼치고 어른이 거기에 맞추어 반응해 줄 때 아동은 비로소 자신감을 얻을 수 있다. '나도 엄마만큼 할 수 있고 엄마로부터 인정받고 있다'는 자신감이 생기고, 아동은 이후에도 자신 이 갖춘 능력에 대해 창피함이나 두려움 없이 마음껏 발휘하고 어려운 과제에 계속해서 도전해 가며 더 많이 실행을 해 나갈 수 있다. 온화한 말투로 아동을 잘 보살펴 주고 일부러 시간을 내어 아동과 놀아 준다 해도 부모가 주도하며 아동이 다음에 무엇을 하도록 제안하며 상호작용한다면 결국 부모 주도의 놀이일 뿐이다.

3. 결과 중심적인 부모 vs 과정 중심적인 부모

일반적으로 아동 발달에 관심이 있는 교사나 부모들은 아동이 상위 수준의 기능을 발휘하려면 현재 아동 수준 이상의 '도전적인' 자극이 필요하다고 믿어 왔다. 따라서 아동이 보다 어려운 상황에 도전하지 않는 것은 상위 수준으로의 발달을 포기하는 것과 같다고 보았다. 그러나 성취동기(Atkinson, 1964; Weiner, 1980) 이론가들은 '도전'하는 과정에 따라 아동 발달에 미치는 영향을 보면, 아동이 어른과 상호작용하면서 자신의 수준에 비해 어려운 과제에 직면할 때, 실제로 아동이 그 상황을 지속할 가능성은 줄어들었다. 이러한 도전적인 상황은 아동이 흥미와 관련하여 상호작용하는 데 중점을 두지 않는 경우가 많다. 따라서 아동은 그 시간을 즐기지 못하며 아동의 흥미와 관심에서 벗어날 때 오래 집중하지 못하므로 결국에는 바람직한 결과를 이끌어 내지 못한다. 이와 같은 경험이 지속될 때 아동은 자신의 결과를 통제할 기회를 자주 경험하지 못하므로 자신에 대한 통제감과 자신감을 상실하게 된다. 즉, 부모가 주도적으로 아동의 동기와 참여를 높이고자 이끌어 낼 때 성공적인 결과와는 점점 거리가 멀어지게 된다.

아동과 함께하는 일상적인 놀이나 상호작용에서는 아동의 발달 수준, 흥미와 관련되지 않은 '도전적인 상황'이 일차적인 초점이 되어서는 안 된다. 아동이 어떤 것을 제대로 학습하려면 주어진 자극에 주의를 집중해야 하고, 그 것을 반복적으로 실행해 보아야 한다. 홍수처럼 쏟아지는 수많은 자극 중에 서 아동들이 주의를 집중하는 것은 바로 자신의 흥미와 관련이 있을 때다. 그 리고 자신의 흥미와 관련된 것을 선택했을 때 아동은 그것을 좀 더 자주 접할 것이고, 자연스런 반복을 통해 결국 숙련의 과정을 거치게 될 것이다. 숙련이 란 그것이 내 몸에 붙어서 자연스럽게 그리고 자신 있게 그 정보를 적용할 수 있게 되는 것을 말한다. 그래서 아동에게 어렵고 자신의 관심에서 벗어난 것 을 어른이 선택하여 반복하게 한다고 해도 숙련은 기대한 만큼 이루어지지 않을 것이다. 필요에 의한 기억은 흥미에 의한 기억보다 효과가 작기 때문이 다. 가장 먼저 아동 스스로 흥미를 느끼는 것이 중요하다. 아동은 흥미를 느 끼는 것에 자신의 주의를 집중하고 능동적으로 참여한다. 그것이 바로 '학습 의 시작'이라 할 수 있다. 여기서 중요한 것은 아동의 행동에 대한 부모의 반 응이 아동의 현재 발달적 수준과 맞아야 한다는 것이다. 만일 아동이 일상 중에서 물건을 던지고 두드리는 발달 단계에 있다면, 부모는 이러한 행동이 다른 사람을 다치게 할 수 있고, 사회적으로도 적합하지 않다는 것을 아동이 알 수 있도록 반응해야 할 것이다. 또한 부모는 아동의 놀이가 현재의 발달 능력 수준을 반영하고 있다는 것을 인식하고 있어야 한다. 부모나 교사가 필 요하다고 여기는 것이 아닌, 아동이 관심이 있고 능동적으로 참여하는 것이 학습의 시작점이 되어야 한다는 것이다. 아동은 자신이 능동적으로 참여한 상황에서는 시키지 않아도 자발적으로 오래 머무르며, 그 행동을 반복하게 될 것이다. 반복은 곧 그 행동을 숙련되게 만들며 인지학습의 성취를 가져오 게 된다.

미국 스탠퍼드 대학교의 심리학과 Dweck 교수는 결과 중심 칭찬과 과정 중심 칭찬의 효과에 대해 실험을 하였다. 뉴욕시의 5학년 학생 400명을 대상 으로 한 결과, 지적 능력에 대한 칭찬이 오히려 학습 의욕을 떨어뜨린다는 것 을 밝혀냈다. 연구팀은 먼저 간단한 지능검사를 시행하고 학생들의 '지능'을 칭찬하는 그룹과 '노력'을 칭찬하는 두 그룹으로 나누어 시험 점수에 대해 칭찬해 주었다. 지능 칭찬 그룹에는 "머리가 좋구나!", "대단하네!" 등 결과 중심의 높은 점수와 똑똑함을 강조했고, 노력 칭찬 그룹에게는 "열심히 노력했구나!", "앞으로도 지금처럼 노력하면 좋은 결과가 있을 거야" 등과 같이 과정을 강조하였다. 그런 다음 비슷한 수준의 문제를 주면서 몹시 어려운 문제라고 알려 주었다. 그런데 지능 칭찬 그룹의 아동들은 시험이 너무 어려웠다고 좌절하는 반면, 노력 칭찬 그룹 아동들은 해 볼 만한 시험이었다고 말했다. 더 놀라운 것은 시험 결과 노력 그룹은 첫 시험에 비해 평균 성적이 30% 이상 높아졌지만, 지능 칭찬 그룹은 평균 점수가 20% 정도 떨어졌다. 이러한 결과에 대해 Dweck 교수는 결과에 중점을 두게 되면 아동들은 자신의 한계에 도달하고 있다는 공포를 느껴 어느 순간 정체되는 느낌이 들지만, 노력하고 있다는 과정을 강조하면 자신이 인정받고 있다는 믿음을 가지며 자신이 성장하고 있고 자신의 힘으로 성공을 이룰 수 있다고 생각하게 되는 이러한 믿음이 현실로 이루어지게 된다는 것이다.

결국 어른이나 아동들이나 마찬가지로 개인에게 있어서의 결과 또는 성취는 자신의 능력에 대한 믿음, 즉 자기효능감(self-efficacy)과 매우 관련되어 있다. 그리고 이러한 심리적 힘은 누가 가르치거나 이끌어서 만들어지는 것이 아니라 자신의 자발성에서 나오며 결국 자발적인 노력이 자신의 능력을 최대화하게 만드는 것이다. 따라서 아동의 능력을 최대로 발휘하려면 최대의 해결자로서의 어른이 필요한 것이 아니라 아동의 능동적인 발휘를 지지해 줄 어른이 필요한 것이다.

4. 1시간을 해방되고 싶은 부모 vs 24시간을 행복하게 보내는 부모

부모는 아동들이 자신이 제안한 것에 "네, 엄마" 하면서 순순히 따르고 옆에 오랫동안 머물러 주기를 희망한다. 이를 '협력'이라 한다. 이와 같이 아동이 부모에게 협력한다는 것은 아동 스스로 어른의 요청이나 제안에 따르고 함께 무언가를 해 나간다는 것을 의미한다. 그런데 우리의 주위를 관찰해 보면, 어른이건 아동이건 누구나 친하고 믿을 수 있는 사람, 관계가 좋은 사람의 말을 잘 듣는다. 즉, 협력을 잘한다는 것이다. 부모는 아동이 믿고 따르는 바로 그런 사람이다. 아동들은 지시적인 엄마, 선생님으로부터 해방되고 싶어 하고 그래서 협력하지 않고 그 자리를 벗어나려 한다. 이것이 자칫 어른들의 눈으로는 '나를 힘들게 하는 아동'으로 해석될 수 있다. 반응적인 부모는 "내가 무엇을 해 줄까?"보다는 "아동이 무엇을 하고 있지?", 또는 "무엇에 관심이 있지?"로 상호작용을 시작한다. 부모는 새롭게 아동을 위한 놀 거리를 계획할 필요 없이 그저 아이가 세운 계획에 따라가 주면 된다. 아동은 열정적인 엄마가 세운 계획을 가지고 놀이할 때보다 자신의 계획대로 따라 주며 반응해 주며 아무것도 하지 않은 것 같은 엄마에게 눈을 맞추고 오래 머무른다. 결국 학습 성취를 위해서는 아동과 신뢰관계를 만들어야 한다는 것이다. 탄탄한 신뢰와 원활한 상호작용이 이상적으로 선순환되는 관계에서는 아동도 부모의 요구를 거부하지 않고 부모와 함께하는 것에 주의집중할 것이다. 하지만 신뢰가 부족한 관계에서는 부모가 아무리 중요한 정보를 주려 해도 협력적으로 활동을 함께 이어 가지 못한다. 그리고 그만큼 부모와 함께하는 배움의 시간도 줄어들게 된다.

　일상에서 부모와의 신뢰관계를 다음과 같은 방식으로 테스트해 볼 수 있다. 먼저 엄마가 멀리서 "야, 이거 참 재미있겠다. 엄마랑 같이 해 볼까?"라는 질문을 던지는 상황에 대한 아동의 반응이다. 첫 번째, 신뢰하는 반응이다. 아동은 그것이 무엇인지 확인하지도 않고 "네, 엄마!" 하고 승인의 말과 함께 달려온다. 어떤 내용인지조차 미리 따져 보기 전에 "네!" 하고 대답한 것이다. 아동은 엄마에 대해 거의 조건 없는 신뢰를 갖고 있다고 볼 수 있다. 두 번째, 의심하는 반응이다. 엄마의 요청에 아동은 대답 없이 천천히 다가온다. 그리고 엄마가 제안하는 놀이가 무엇인지 살펴본 뒤 괜찮다고 여기면 참여하고, 아니면 다시 자기가 하던 것으로 돌아간다. 이 아동의 경우, 엄마는 좋지만 엄마에 대한 신뢰는 아직 부족하다고 볼 수 있다. 사실 일상 중에 가장 많이 관찰되는 부모와 자녀 간의 상호작용 모습이다. 대부분의 엄마들은 아동이 옆에 왔다는 사실만으로 '동의'했다 판단하고 그때부터 엄마의 주도대로 아동을 이끌기 시작한다. 하지만 아동은 자기가 선택하지 않은 놀이에 대해 금방 흥미가 사라지기 때문에 슬그머니 자리를 떠나 버린다. 세 번째, 거부하는 반응이다. 엄마가 아무리 흥미로운 것을 제시해도 아예 무시한다. 그저 엄마 주변을 크게 맴돌 뿐이다. 이러한 경우에는 둘 사이의 신뢰관계를 심각하게 점검해 볼 필요가 있다. 심한 경우에 아동은 엄마가 아무리 다정하게 불러도 어딘가 분명히 다른 목적을 숨긴 것이라 의심하는 것이다. 아동이 상대 어른(부모나 교사)을 불신할 때 아동은 그 곁에 오래 머물지 못하고 집중하는 시간도 매우 짧을 수밖에 없다. 따라서 함께 무언가를 하며 배울 수 있는 기회도 적어지는 것이다. 부모 또한 울림 없는 메아리처럼 아동을 향해 "이리 와 봐", "이거 해 볼까?"를 외칠 때 반응 없는 아동을 보고 좌절감을 느끼게 된다. 사람은 누구나 사회적 관계에서 통제감을 가지지 못 할 때 힘들어지고 관계를 계속해서 이어 갈 에너지를 고갈시키게 된다.

이에 부모가 먼저 아동의 현재 수준에 맞추어 아동의 제안에 긍정적으로 협력하면 아동 역시 부모의 제안에 똑같이 반응하게 된다. 서로 주고받는 이러한 상호작용 속에서 아동은 부모와 신뢰관계를 형성하게 되고 부모의 입장을 이해하고 조금 불편한 것, 힘든 것을 참고 견디며 반응하는 협력을 보이며 '자기 조절 능력'을 키워 나간다. 결국 신뢰로운 관계가 형성되면 부모는 자녀와 일상에서 사소한 생활사건에서 자유로운 관계를 유지할 수 있다.

생물학적으로 변하기 어려운 아동의 특성을 이해하고 어른이 먼저 아동에게 맞춰 줄 때 이것은 허용이나 지는 것이 아닌 아동으로부터 또 다른 협력을 가져오고 주도적인 아이로 키우는 것이다. 그리고 부모는 능동적으로 흥미롭게 활동하며 동기 부여된 아동과 함께 있는 것에 즐겁고 행복감을 느끼게 된다.

제**4**부

RT 부모교육 운영

부모교육의 궁극적인 목적은 부모들이 자녀를 건강하고 발전적으로 양육하고 교육하고자 하는 바람에서 시작된다고 할 수 있다. 그러나 부모교육은 사전적으로는 성인교육으로의 의미가 있으며, 실제로 많은 경우 부모만을 대상으로 하는 형태가 대부분이다. 이에 RT 부모교육은 반응성 교수(RT) 철학을 근본으로 하여 먼저 구성주의 아동관을 가지고 자녀를 양육하고, 그리고 부모와 자녀의 생활 현장에서 부모로서 '내가 어떻게 해야 하는가'에 대한 구체적인 방법(how to)을 제시하고자 한다. 본 장에서는 영유아 교육 현장에서 RT 부모교육 전문가로서 부모교육을 수행할 수 있도록 워크북을 구성하였다. 앞에서 제시한 이론적 이해와 RT 반응성 상호작용 교수 철학 및 적용 전략을 바탕으로 다음에서는 현장에서 RT 부모교육을 운영하기 위한 교육 계획과 자료를 제시하였다.

제11장

RT 부모교육 계획

1. 교수방법

RT 부모교육의 교수방법은 반응적 교수다. 구성주의 학습이론을 배경으로 하여 RT 부모교육에서 적용하여야 할 두 가지 초점을 요약하면 다음과 같다. 첫째, RT 부모교육은 학습자의 능동적 참여를 중시한다. 따라서 부모나 아동의 능동적 참여를 우선적으로 하여야 한다. 자칫 부모의 입장에서 아동을 이끌고 아동의 흥미를 고려하지 않고 부모가 설정한 방향으로 이끌려고 한다. 물론 아동이 하고 싶은 것이 형편없는 관심이고 학습 성취와는 상관이 없다고 판단할지도 모른다. 하지만 아무리 바람직하고 성취와 관련된 제안을 하고 아동이 부모 지시에 따라 수행한다 할지라도 아동이 혼자서 스스로 수행하는 기회가 없다면 이는 일반적인 상황에서 그와 같은 행동이 유지될 것이라고 기대할 수 없을 것이다. 따라서 어른들은 '내가 생각하기에 바람직한 것'에 의하여 '아동이 해야 하는 것'과 '아동이 실제로 하는 것' 및 '아동이 성취하는 것'을 착각할 수 있는 딜레마에서 벗어나야 한다.

한편, 부모의 경우도 마찬가지다. 어떤 교사는 아동에게 적용하는 것과 마찬가지로 부모들도 능동적으로 자신의 선택에 의하여 RT 부모교육에 참여할 때 그 효과 면에서 훨씬 효율적이다. 우리는 때때로 전문가로서 좋은 정보를 제공해 주어야 하는 의무감을 가진다. 좋은 정보를 제공해 주는 것은 바람직하지만 그것을 선택하는 것은 학습자에게 넘겨주는 여유가 필요하다.

두 번째, 반응적인 교수법의 반대는 지시적인 교수법이라 할 수 있다. 우리는 때때로 어떤 바람직한 것을 가르치고자 할 때 강압적으로 해야만 한다고 밀어붙이기도 한다. 이는 어쩌면 아동들은 '스스로 일을 처리하지 않는다', '아직 미숙하여 바람직한 방법과 미래를 위한 준비를 선택하지 못한다'라는 잘못된 믿음에서 온 것일지도 모른다. 반응성 교수법에서는 아동과 상호작용할 때 처음의 마음이 '자, 내가 이 아동에게 무엇을 해 줄까?', '이렇게 하면 좋을 거야'라기보다 '아동이 지금 무엇을 하고 있는가?', '어디에 관심을 두고 있는가?'다. 따라서 먼저 가르치고 이끌기보다는 아동 주도에 따르는 것이다. 이러한 점에서 RT 부모교육에서 강조하고 싶은 것은 이와 같은 반응성 교수법의 배경은 교사와 부모와의 관계에서도 적용되어야 한다. 부모에게 어떻게 하라고 먼저 제안하고 부모 주도적인 것이 아닌 교수 주도적인 교육이 아닌지도 고려해 보아야 한다. 따라서 부모는 아동과의 관계에서 또한 교사는 부모와의 관계에서 상대의 관심과 흥미를 관찰하고 그 대상에 적합한 방식으로 접근하도록 해야 한다.

2. RT 부모교육의 목적

RT 부모교육의 목표는 아동의 발달과 사회정서 역량을 향상시키기 위한 부모의 양육관과 태도의 변화다. 그리고 RT 부모교육은 구성주의 아동 관점을 바탕으로 Mahoney RT 이론을 근간으로 구성되었으며, 부모가 자녀와 상호작용하는 방식을 변화시키는 것이 궁극적인 아동의 발달과 사회-정서적 기능을 향상시킨다고 본다. 따라서 부모는 자녀와 일상생활 중의 상호작용에서 반응적인 아동양육 전략들을 이행하는 방법을 배우는 것이다. 따라서 궁극적으로 부모교육 회기는 초점을 아동에게 두고, 아동이 얼마나 잘 발달하고 있는가를 강조하는 관점에서 구성된다.

부모교육 회기는 아동 발달에 대한 이해, 그리고 반응성 상호작용에 대한 이해를 통해 영유아기 중심축 행동 목표로 아동 발달을 이해하고 일상에서 아동이 중심축 행동을 습득하고 사용하도록 돕는 것으로 운영된다. RT 부모교육 전문가는 RT 전략이 아동의 중심축 행동을 어떻게 촉진하고 아동 발달에 어떠한 영향이 있는지를 부모에게 설명해 주어야 한다.

따라서 RT 부모교육의 효과는 궁극적으로 이 전략들이 자녀와의 관계를 향상시키는 것뿐만 아니라 자녀의 발달을 촉진하도록 부모의 양육태도의 변화에 달려 있다. 일반적으로, 자녀의 능동적인 역할을 강조하는 데 매우 동기화된 부모들은 거의 어려움 없이 이런 전략들을 사용할 수 있고, 배워서 일상생활 중에 통합할 것이다. 요컨대, RT 부모교육의 주요 목적은 아동의 중심축 발달 행동 촉진이며, 더불어 부모의 정신건강이라 할 수 있다. 따라서 RT 부모교육에서는 가족 중심적 접근에 근거하여 아동의 발달, 부모의 심리적 안정, 그리고 일상에서 상호작용을 통해 양육 가이드를 제공하여 궁극적인 아동 발달 촉진 및 부모의 효능감을 높이고자 한다.

3. 반응성 상호작용 전략

RT 반응성 상호작용 전략은 부모가 자녀의 발달을 돕거나 용이하게(촉진하는) 하는 데 필요한 행동들이다. RT 부모교육 전문가는 부모가 아동 발달에 대해 이해하고 발달에 적합한 반응적인 상호작용을 하도록 지도한다. 부모와 자녀가 현재 상호작용하고 있는 패턴을 파악하고 자연스러운 상황에서 어떻게 상호작용하는 것이 아동의 발달에 어떻게 도움을 주는가를 이해하고 바람직한 방법을 지속하도록 한다. 부모는 전문가로부터 이러한 피드백을 받을 때 안심이 되고, 또 자기가 가지고 있는 자녀 양육기술에 대한 확신을 고 무시키고 지지받게 된다. 부모가 현재 잘 하고 있더라도 자신이 잘 하고 있는 것을 피드백 받는 것도 도움이 된다.

반응성 상호작용 전략은 일상에서 자발적으로 빈번하게 사용할 때 더욱 효과적이다. 따라서 RT 부모교육 전문가는 자발적으로 사용하지 않는 부모에 대해 이러한 전략을 일상에서 습관화할 수 있고 잘 수행할 수 있도록 어떻게 하는지 그 방법을 배울 수 있게 계획을 개발해야 한다. 만일 부모가 이미 형성된 자신만의 방식 때문에 반응적인 상호작용을 포기하고자 한다면, 부모들이 그들의 방식대로 자녀들과 상호작용하는 하는 이유를 이해시킴으로써(즉, 부모는 일반적으로 '부여된 의무'가 있기 때문에 자녀에게 매우 지시적일 수 있다.), 부모가 어떤 것을 잃기보다는 실제적으로 얻었다는 느낌을 갖도록 도움을 줄 수 있다.

1) RT 전략을 제시하는 방법

부모가 자녀와 상호작용하는 전략을 수행할 방법을 배우도록 도울 수 있는 선택항목은 많다. RT 부모교육에서 부모에게 전략을 제시하는 기법으로는 ① 모델링 기법(Modeling)—전략을 수행하는 방법을 예시도 보여 준다. ② 코칭 기법(Coaching)—부모가 아동과 놀이하는 동안, 부모가 해야 할 것을 제시한다. ③ 비디오 피드백 기법(Video-Feedback)—부모와 자녀가 놀이하는 장면을 사전에 녹화하여 녹화 장면을 보면서 부모가 잘하고 있는 것, 해야 할 것에 관하여 논의한다.

이들 방법 중의 하나 또는 조합하여 부모와 연구하는 데 사용될 수 있다. 이와 같은 교육방법은 모두 부모가 좋아하는 학습유형들로서 어떤 부모들은 단순히 전문가가 행동의 모델이 되는 것을 봄으로서 배울 수 있지만, 대부분의 부모들은 많은 코칭과 피드백이 필요하다.

2) 구체적인 경험을 통해 피드백 주기

RT 부모교육에서는 강의식 이론교육과 개인적인 직접 경험을 통하여 RT 전략을 사용하는 법을 배운다. 따라서 부모교육 회기 중 RT 전략을 설명하고 실제 일상생활 장면을 피드백하여 구체적인 적용을 가이드한다.

아동 없이 부모만으로 이루어진 RT 부모교육에서는 구체적인 정보를 제시하기 위해서 다음과 같은 방법을 사용할 수 있다. ① 다른 어른이 아동과 RT 전략을 사용하는 장면을 담아 피드백 받기, ② 전문가 또는 부모와 아동 간의 상호작용 실제 예시 활용하기, 또는 ③ 참여자들끼리 전략을 role-play 해 보기.

또한 RT 부모교육 회기는 전문가에 의한 일방적 전달이기보다는 부모 간의 균형 있는 대화로 이루어지는 교육운영이어야 한다. 예컨대, 대화 중 다음과 같은 질문을 사용하여 부모의 참여를 촉진할 수 있다. "제가 설명하는 내용들이 이해되십니까?", "남편/친척/이웃은 우리가 이야기해 온 전략에 대해 어떻게 생각하시나요?"

3) 분명하게 제시하기

RT 전략은 논리적이고 상대적으로 이해하기 쉬운데, 한편으로는 많은 부모들이 자녀들에게 자발적으로 일상생활에서의 상호작용에 통합하기에는 어려움을 겪기도 한다. 부모나 다른 어른들이 자녀와 상호작용하는 데 있어서 자발적이고 직관적으로 상호작용하는 것 외에 상당한 에너지를 가지고 관리감독이 이루어져야 한다. 이러한 이유 때문에, RT 전략은 명백하게 정의된 분명한 행동으로 부모에게 제시되어야 한다. RT 부모교육 전문가는 부모가 자녀와 무엇을 할 것인지에 대해 명백한 지침을 받고 있다는 확신을 가지도록 전략을 구체적으로 제시한다.

4. 코칭 및 피드백

코칭은 부모에게 자녀와 상호작용하는 방식에 대해 생각한 바를 제안하는 과정이다. RT 부모교육에서는 부모아동 상호작용 분석 시 적용할 수 있다.

코칭을 시작하기 전에, RT 부모교육 전문가는 코칭의 목적과 그리고 이 과정이 어떻게 진행되는지에 대해 부모에게 알려 주어야 한다. 효과적인 코칭을 위해 두 가지 중요 사항이 있다. 첫째, 부모가 자녀와 어떻게 상호작용하는지 주의 깊게 관찰하는 것이다. 둘째, 부모가 더욱 성공적으로 수행할 수 있도록 도울 수 있는 것이 있을 때만 코치를 하는 것이다. 대부분의 경우에 제안사항은 '자녀와 눈 마주치기', '아동이 무엇을 할 때까지 기다려 주기', '더욱 생동감 있게 하기' 등과 같은 간단한 리마인드 형식을 이용하는 것이 좋다. 코칭은 잘 만들어진 교안이어서는 안 된다. 오히려 부모가 자녀와 상호작용하는 것을 방해하지 않으면서 자연스럽게 반응할 수 있도록 제안해야 한다.

코칭 시에는 부정적인 피드백은 2개 영역을 넘지 않도록 제한하며, RT 부모교육 중재 회기 동안 초점을 둔 중심축 행동을 아동이 사용하도록 지원하기 위한 것에 초점을 두어야 한다. 다음 절차들은 피드백을 하는 데 고려해야 할 사항들이다.

- 부모에게 자신의 상호 장면에서 대해 어떻게 생각하는지 질문한다. 최상의 상태로 상호작용을 하지 않았다 하더라도, 상호작용에서 긍정적인 부분을 찾아내도록 부모를 격려한다.
- 부모와 아동을 관찰하는 동안 일어나는 바람직한 상호작용에 대해 코멘트 한다(예: "어머님이 블록 세트를 가지고 아동과 함께 놀 때 어머님이 아동의 행동을 모방했던 방식이 참 좋았습니다.").
- 문제 영역을 규명하고 피드백을 준다(예: "어머님은 모래상자에서 놀이할 때 아동의 행동을 잘 모방했던 것 같아요. 그러나 아동이 인형집을 가지고 놀

때는 어머님이 모방할 활동을 아동이 만들어 내도록, 즉 아동이 활동을 주도하도록 기다려 주기보다는 어머님이 상호작용을 이끌기 시작했어요.").

• RT 전략을 부모가 잘 수행할 수 있다는 확신을 갖도록 격려한다. 문제 영역을 규명하였다면, 그 문제로 되돌아가지 않도록 하기 위해 부모가 할 수 있는 것들에 대해 논의한다.

• 부모에게 어떤 질문 사항이 있는지 묻는다.

• 부모가 아동과 수행할 수 있는 것에 관하여 긍정적인 코멘트와 제안 사항을 짧게 요약하여 피드백한다.

5. 부모교육 평가

RT 부모교육 전문가들은 부모교육 시행 후 부모들이 전략을 수행하는 방법과 수행에 영향을 미치는 것들을 판단할 필요가 있다. 각기 부모교육 회기 동안, 회기 중 부모의 전략 사용과 아동의 행동에 대한 전략의 영향력을 평가하기 위해 회기 중 진행되었던 활동들에 관해 기술해 놓는다. 때로는 부모를 비공식적인 관찰 도구로 활용할 수 있다. 즉, 부모에게 RT 효과와 관련하여 질문할 수 있다. 예를 들면, 전략을 어떻게 수행하는 것이 성공적인가, 전략이 편안하게 느껴지는가 그리고 아동에게 어떤 효과가 나타나는가 여부다.

RT 부모교육 전문가의 관점은 RT 수행을 평가하는 데 중요한 정보를 잘 전달하였는지, RT 부모교육 계획과 운영 준비는 사전에 잘 이루어졌는지, 부모교육 지도자로서 자세와 태도가 적절하였는지를 평가할 수 있다. 참고로 RT 부모교육 전문가로서 수행 지침을 요약하면 다음과 같다.

RT 부모교육 전문가 수행 지침

RT 부모교육 전문가는 아동 발달에 있어 무엇보다도 부모가 중요한 영향 요인임을 깊이 인식하고 부모에 대해 다음과 같은 자세를 갖는다.

1. 부모는 아동에 대해 지속적으로 희망을 갖게 한다.
2. 전문가들이 자녀를 고칠 수 없다는 것을 이해해야 한다. 부모들은 자신의 자녀를 스스로 돌보는 양육의 효과가 전문인들에 의해 실행된 단기간의 부모교육보다도 자녀들의 발달에 더 큰 영향을 미칠 수 있음을 인식한다.
3. 프로그램의 내용은 구체적이고 명료한 활동을 제시해야 하고 전문가들이 모든 활동에서 부모와 협력하여 실행될지라도 아동이 프로그램의 중심이 되어야 한다.
4. 부모교육과 조기 중재 프로그램에 참여하는 부모들의 다양한 요구를 충족시킬 획일적인 부모교육 활동이 있을 수는 없다.
5. 프로그램에서 제안하는 것이 부모들의 현재 태도, 신념 및 양육의 실제와 갈등이 될 수도 있다.
6. 반응적 상호작용에 관계된 개념들을 설명해 주되, 권장된 것과 다른 아동의 양육관을 가지고 있거나 행하고 있는 데 대해 죄책감을 갖지 않도록 확신시킨다.

반응적 상호작용에 관계된 개념들을 설명해 주되, 권장된 것과 다른 아동의 양육관을 가지고 있거나 행하고 있는 데 대해 죄책감을 갖지 않도록 확신시킨다.
부모가 전문가 앞에서 어떤 것을 시도하게 하는 것에 불편을 느끼는지 미리 파악한다.

제**12**장

RT 부모교육 프로그램 실제

1. RT 부모교육 회기 구성

  RT 부모교육은 일반적인 이론교육과 실제 중재 중심 부모교육 프로그램으로 진행할 수 있다. 다음은 RT 부모교육 운영을 위한 3회기, 6회기, 8회기 구성을 제안한 것이다. 이 책에서 제안하는 RT 부모교육은 '3회기 RT 부모교육: 반응성 상호작용 이해', '6회기 RT 부모교육: 반응성 상호작용 코칭', 그리고 '8회기 RT 부모교육: 반응성 상호작용 세미나'로 진행할 수 있다. 3회기 RT 부모교육은 부모 대상 반응성 상호작용에 대한 이론적 이해 중심으로 진행하며, 6회기 RT 부모교육의 1~3회기는 앞에서 제안한 3회기 RT 부모교육 내용과 4~6회기는 부모−아동 간의 RT 실행과 지도 및 피드백으로 진행한다. 그리고 8회기 RT 부모교육은 부모 대상으로 3회기 RT 부모교육 내용을 기본으로 하며, 이에 부가적으로 부모 분석과 적용에 관한 개별적인 심층 토론 중심으로 진행된다. 각 프로그램별 세부 내용은 다음과 같다.

1) RT 부모교육: 반응성 상호작용 이해(3회기)

'RT 부모교육: 반응성 상호작용 이해' 프로그램의 특징은 반응성 상호작용의 이론적 이해 중심이다. 이 프로그램은 RT 프로그램을 시작하는 부모에게 전반적인 아동 발달, 부모의 반응성에 대한 이해 그리고 자녀와의 상호작용 유형 분석을 통하여 RT 부모교육 프로그램에 대한 기초적인 이해를 돕는다. 구체적인 진행과정 및 워크북은 다음과 같다.

① 기간: 3회기
② 시간: 회기별 1시간 30분 (1시간 교육, 30분 질의응답)
③ 대상: 영유아 자녀를 둔 부모
④ 인원: ○○명
⑤ 진행방법: 강의식, 상호작용 비디오 피드백
⑥ 장소: 시청각 자료 활용이 가능한 책상이 있는 강의실
⑦ 준비물: RT 부모교육 워크북, 기타 강의용 자료(PPT, 동영상 등)
⑧ 진행 일정

회기	주제	진행 방식	준비
1	아동 발달에 대한 이해	강의	워크북
2	반응성 상호작용의 이해	강의, 시청각 자료	워크북, 동영상 자료
3	부모-아동의 반응성 상호작용 분석	비디오 피드백	일상 중 놀이 상호작용 녹화 장면

일상 중에 자녀와 나의 상호작용은 어떠한가?

부모가 일상생활에서 아동과 '주고받으며 상호작용' 하는 정도를 부모가 생각하시는 대로 체크하시면 됩니다.

• 하루 일상생활 중에……
전혀: 0~20%, 이따금: 30~40%, 자주: 50~70%, 대부분: 80% 이상

내용	전혀 20% 이하	이따금 30~ 40%	자주 50~ 70%	대부분 80% 이상
1. 나는 아동에게 한 번 반응을 주고는 기다린다.				
2. 나는 아동의 행동이나 활동을 모방한다.				
3. 나는 아동이 내는 소리 표현을 모방한다.				
4. 나는 아동이 주도하는 것에 따르고, 아동이 선택한 주제를 지속시킨다.				
5. 나는 아동이 반응을 주고받도록 단서를 준다: 얼굴 표정, 제스처, 언어적 표현				
6. 나는 반응주기의 수를 늘리기 위해 지시성(요구)이 아닌 반응성을 이용하고 아동이 하는 것을 지속시킨다.				
7. 나는 아동이 흥미로워하는 것에 따른다.				
8. 나는 아동이 하는 활동들을 모방한다.				
9. 나는 아동의 발달 수준에서 맞춰 반응을 주고받는다.				
10. 나는 아동과 '같은' 길이와 복잡한 정도로 말하고 행동한다(50:50).				
11. 나는 아동의 행동에 확장하여 반응한다.				
12. 나는 아동의 언어적 표현에 반응한다.				
13. 나는 아동의 행동을 읽을 수 있다.				

2) RT 부모교육: 반응성 상호작용 코칭(6회기)

'RT 부모교육: 반응성 상호작용 실행'의 특징은 반응성 상호작용에 대한 이론적 이해와 실제로 RT 부모교육를 실행하는 부모교육 프로그램이다. 부모교육 진행 순서는 다음과 같다. 초기 1~3회기는 부모만 참여하여 아동 발달에 대한 심리 발달적 이론, 반응성 상호작용의 철학과 이론적 배경에 대한 이해 및 부모의 상호작용 유형에 대한 분석 등 전반적으로 이론적 교육을 시행하고, 이후 4~6회기 동안은 부모와 아동이 함께 참여하여 아동과 부모가 자연스러운 상황에서 이전 3회기간 부모가 배운 이론과 RT 전략에 대한 이해를 바탕으로 RT 전문가의 코칭과 피드백을 실제 RT를 실행하며 받을 수 있다. 6회기 RT 부모교육의 워크북은 3회기 RT 부모교육 워크북을 참조하여 구성할 수 있다.

① 기간: 6회기
② 시간: 이론적 이해(1~3회기)/적용(4~6회기)
③ 대상: 영유아 자녀를 둔 부모와 자녀가 함께
④ 인원: 부모-아동 5쌍 이내(※ 1집단)
⑤ 진행방법: 강의식, 코칭 및 피드백
⑥ 장소: 이론적 이해-시청각 자료 활용이 가능한 책상이 있는 강의실
　　　　실행-아동 발달 수준에 적합한 장난감이나 도구가 있고 바닥에 앉을 수 있는 놀이방
⑦ 일정:

회기	주제	대상	진행 방식
1	아동 발달에 대한 이해	부모	강의
2	반응성 상호작용의 이해	부모	강의
3	부모-아동의 반응성 상호작용 분석	부모	비디오 피드백
4	RT 전략 1: 아동의 세계로 들어가기	부모-자녀쌍	코칭
5	RT 전략 2: 아동 주도에 따르기	부모-자녀쌍	코칭
6	RT 전략 3: 재미있게 상호작용하기	부모-자녀쌍	코칭

3) RT 부모교육: 반응성 상호작용 세미나(8회기)

'RT 부모교육: 반응성 상호작용 세미나' 프로그램의 특징은 RT에 관한 이론적 이해와 전략에 대한 심층과정으로 진행한다. 부모만을 대상으로 한다는 면에서 기존의 부모교육 형태와 유사하지만 8회기로 구성된 RT 부모교육은 앞에서 제시한 이전 3회기와 6회기에서 이루어진 아동의 발달적 이해 및 부모의 반응성 상호작용에 대한 분석과 더불어 진정한 가족-중심적 부모교육을 실현하고자 한다. 따라서 부모 자신에 대한 분석을 통해 자신에 대한 인식과 부모의 심리적 건강을 함께 반응성 상호작용 토론 중심 RT 부모교육(8회기)에서는 다루며, 매 회기 이론적으로 배운 RT 전략을 가정에서 각자 적용하고 부모교육 프로그램 진행 중에 자신의 경험을 사례로 들어 심층적인 토론을 한다. 본 8회기로 구성된 RT 부모교육은 효과적인 운영을 위해서 일대일 심층 토론 중심으로 이끌어진다. 세부적인 진행 사항 및 워크북은 다음과 같다.

① 기간: 8회기
② 시간: 각 회기 1시간 30분
③ 대상: 영유아 자녀를 둔 부모만
④ 인원: 부모 10명 내외
⑤ 진행방법: 강의식, 시청각 자료

⑥ 장소: 시청각 자료 활용이 가능한 책상이 있는 강의실

⑦ 일정

회기	주제		활동과제
1	아동 발달에 대한 이해		
2	반응성 상호작용의 이해		
3	부모-아동 상호작용 분석		부모-아동 상호작용
4	RT 전략	1. 아동의 세계로 들어가기	지난주 피드백
5		2. 아동 행동 관찰하기	지난주 피드백
6		3. 아동 주도에 따르기	지난주 피드백
7		4. 재미있게 상호작용하기	지난주 피드백
8		5. 확장하기	지난주 피드백

2. RT 부모교육 자료

1회기
아동 발달에 대한 이해

● 알아보기

• 아동 발달의 원리
• 아동 발달을 이해하는 관점
• 연령별 주요 발달과업

● 이번 주 활동과제

• 영유아발달검사

● 알아보기

1 아동 발달의 원리

• 일정한 순서가 있다.

• 연속적인 과정이지만 그 속도는 일정하지 않다.

• 결정적 시기가 있다.

_____

_____

• 유전과 환경의 상호작용에 의해 이루어진다.

_____

_____

② 아동 발달에 대한 이론적 관점

• 정신분석 관점

_____

_____

_____

• 행동주의 관점

_____

_____

_____

• 인지 발달 관점

_____

_____

_____

3 연령별 심리 발달과업

	심리사회적 단계 (Erickson)	과 업	사회적 상황
1단계 (출생~1세)	신뢰감 vs 불신감	나는 이 세상을 신뢰할 수 있는가?	• 지원, 기본 욕구의 제공, 계속성 • 지원의 결여, 기본 욕구의 박탈, 비일관성
2단계 (만 1~3세)	자율성 vs 수치심	나는 내 자신의 행동을 통제할 수 있는가?	• 분별 있는 허용 • 지원과 보호, 지원의 결여, 확신의 결여
3단계 (만 3~5세)	주도성 vs 죄책감	나는 부모로부터 독립하고, 나의 한계를 찾아낼 수 있는가?	• 격려, 기회 제공 • 기회 결여, 부정적 감정
4단계 (만 5~12세)	근면성 vs 열등감	나는 생존과 적응에 필요한 기술을 숙달할 수 있는가?	• 적절한 훈련, 충분한 교육, 훌륭한 모델 • 빈약한 훈련, 방향 제시와 지원의 결여
5단계 (만 12~18세)	정체감 vs 역할혼미	나는 누구인가? 나의 신념, 감정, 태도는 어떤 것인가?	• 내적 안정성과 계속성, 잘 정의된 성역할 모델과 긍정적 피드백 • 목적의 혼미, 불분명한 피드백, 잘못 정의된 기대
6단계 (성인 초기)	친밀감 vs 고립감	나는 다른 사람에게 내 자신을 아낌없이 줄 수 있는가?	• 온정, 이해, 신뢰 • 고독, 배척
7단계 (성인기)	생산성 vs 침체성	나는 다음 세대에게 무엇을 줄 수 있는가?	• 목적성, 생산성 • 여유(넉넉함) 결여, 퇴행
8단계 (노년기)	자아통합 vs 절망감	나는 내 평생 한 일과 역할에 대해 만족할 수 있는가?	• 종결감, 통일성, 방향성 • 완성의 결여, 불만족

● **이번 주 활동과제**

• 아동발달검사 실시
• 일상 중 부모–아동 놀이 상호작용 장면 5분 녹화

2회기
반응성 상호작용의 이해

● 알아보기

• 부모의 중요성
• 반응적인 부모 특성

● 이번 주 활동과제

• 부모양육특성검사

1 부모의 중요성

• 모든 부모는 자녀와 특별한 사회–정서적 유대와 애착관계가 있다.

_____

_____

• 아동의 학습과 발달은 아동이 능동적으로 참여하는 상황에서 가능하다.

_____

_____

• 부모가 아동 발달에 영향을 미치고 함께 상호작용하는 기회는 다른 전문가나 어른보
  다 대단한 것이다.

_____

_____

② 반응적인 부모 특성

• 활동에 적극적으로 참여한다.

_____

_____

• 수용한다.

_____

_____

• 적응적이다.

_____

_____

• 아동 주도적이다.

_____

_____

• 비지시적이다.

_____

_____

• 놀이적으로 상호작용한다.

_____

_____

● 이번 주 활동과제

• 부모양육특성검사 하기

3회기
부모-아동 상호작용 분석

● **알아보기**

• 부모의 상호작용 유형과 아동의 상호작용 유형

● **이번 주 활동과제**

• 부모-아동 놀이 상호작용 평가

4회기
아동의 세계로 들어가기

● **알아보기**

• 부모와 함께하는 사회적 놀이는 아동의 발달을 촉진하는 결정적 요인이다.

● **함께하기**

• 아동의 세계로 들어가기

● **생각하기**

• 허용적인 부모와 반응적인 부모

● **알아보기:**

부모와 함께하는 사회적 놀이는 아동의 발달을 촉진하는 결정적 요인이다.

1) 인지학습은 두 사람이 함께하는 과정이다.

_____

_____

_____

2) 부모는 아동을 사회적 놀이에 참여시키는 비계 역할을 한다.

_____

_____

_____

3) 아동이 주도하는 활동에 중점을 두고 상호작용을 할 때 아동은 더 오랫동안 그 활동
   에 머무른다.

_____

_____

_____

4) 아동의 이해와 통찰은 아동이 하는 반복적인 놀이 활동을 통하여 발전한다.

_____

_____

_____

● 함께하기: 아동의 세계로 들어가기

■ 무엇인가?

아동의 세계에 들어가기 위해 어른들은 아동이 세상을 보는 것과 똑같이 보아야 합니다. 나를 다음과 같이 조정해 봅시다.

첫째, 자녀와 상호적인 신체적 관계를 형성한다.

둘째, 아동들이 하는 것처럼 놀고 의사소통하면서 아동과 상호작용한다.

셋째, 아동이 하는 것처럼 세상을 이해하도록 의식적으로 노력한다.

■ 왜 중요한가?

다른 사람과 상호 관계를 형성하기 위해서는 두 사람이 공통된 이해를 공유하는 것이 필수적이다. 관계를 잘 형성하기 위해 아동이 어른에게 맞추는 것은 어려운 일이다. 결국 어른과 아동 사이의 관계의 질은 어른이 아동에게 맞추는 조정에 달려 있다. 어른들이 아동들의 기능 범위 내에서 아동과 상호작용하고 놀아 줄 때, 놀이는 아동의 적극적인 참여를 최대로 이끌어 낼 수 있을 것이다.

■ 어떻게 하는가?

• 신체적 높이를 맞춘다.

• 놀이하거나 상호작용할 때 아동과 눈맞춤한다.

• 아동이 하는 방식으로 대화하고 행동한다.

■ 고려 사항

• 아동과 자주 놀이하거나 상호작용하지 못하는 어른들은 아동 세계로 들어가는 데 어려움을 느낄 수도 있다.

• 어른이 아동의 기능 수준에 맞춰 줄 때 얼마나 아동들이 적극적이고 반응적이 되는가를 관찰한다.

■ 일상에서 해 봅시다.

1) 아동과 눈높이를 맞추며 상호작용하기

• 나의 일화: _____

• 언제: _____

• 어디서: _____

• 장해물: _____

2) 아동의 행동과 대화 방식대로 상호작용하기

• 나의 일화: _____

• 언제: _____

• 어디서: _____

• 장해물: _____

● 생각하기

• 허용적인 부모와 반응적인 부모(제10장 참조)

5회기
아동 행동 관찰하기

● **알아보기**

• 흥미와 관심은 학습의 시작이다.

● **함께하기**

• 아동 행동 관찰하기

● **생각하기**

• 애정적인 부모와 지시적인 부모

● 지난주 피드백

• 일상의 어떤 사건에서 적용해 보았나요?

• 어려운 점이 있었나요?

• 그렇게 하는 데 장해가 되는 것이 있나요?

● 알아보기: 흥미와 관심은 학습의 시작이다.

• 아동이 관심을 가지고 흥미로워하는 사물에는 스스로 다가간다.

• 호기심은 학습을 위한 중요한 도구다.

• 아동의 호기심은 아동 주도적으로 이루어진다.

• 아동은 자신이 능동적으로 참여한 상황에서는 오래 머무르며 그 행동을 반복하여 실행한다.

● 함께하기: 아동의 행동 관찰하기

■ 무엇인가?

어른들은 아동과 상호작용할 때 두 가지에 초점을 두어 아동의 행동을 읽도록 노력한다.

- 아동이 무엇을 하는지를 주의 깊게 관찰한다. 이때 분명한 행동뿐 아니라 미묘한 행동에도 중점을 두어야 한다.
- 아동 행동의 의미를 해석하기 위해 맥락 단서를 사용한다.

■ 왜 중요한가?

- 아동의 학습과 발달에 가장 중요한 동기 요인 중 하나는 발달기술을 배우거나 학습하고자 하는 것에 대한 흥미다.
- 아동으로 하여금 관심이 없는 행동을 하도록 강요는 할 수 있으나 이러한 행동을 유지시키거나 자연스러운 행동으로 이끌어 내지는 못한다.
- 아동의 탐색은 어떻게 자신들이 세상과 관계되었는지에 대한 궁금증에 의해서 야기된다.
- 아동들은 자신들이 직접 영향을 미칠 수 있는 사물과 경험들에 대해 더욱 호기심을 갖고 탐색하려는 경향이 있다.

■ 어떻게 하는가?

- 아동의 행동을 관찰한다.
- 아동이 평소에 하는 일반적인 행동들의 목록을 만들어 본다.
  그런 다음 아동이 하는 행동들을 며칠(예 일주일) 동안 모방한다.

■ 고려 사항

- 아동의 관심에 반응하는 것이 아동들이 더 높은 수준의 기술을 배우는 것을 포기하는 것을 의미하는 것은 아니다.

■ 일상에서 해 봅시다.

1) 일상 중 아동의 행동을 관찰하기

• 나의 일화: _____

• 언제: _____

• 어디서: _____

• 장해물: _____

2) 아동이 하는 행동패턴을 모방하기

• 나의 일화: _____

• 언제: _____

• 어디서: _____

• 장해물: _____

● 생각하기

• 애정적인 부모와 지시적인 부모(제10장 참조)

6회기
아동 주도에 따르기

● **알아보기**

• 아동은 자신이 주도하는 활동에 더 오래 집중한다.

● **함께하기**

• 아동 주도에 따르기

● **생각하기**

• 즉시 훈육하고 위로하기

● 지난주 피드백

• 일상의 어떤 사건에서 적용해 보았나요?

• 어려운 점이 있었나요?

• 그렇게 하는 데 장해가 되는 것이 있나요?

● 알아보기: 아동은 자신이 주도하는 활동에 더 오래 집중한다.

• 어른의 지시나 인도로 아동이 알아야 하는 것과 해야 하는 모든 것을 가르칠 수 없다.

• 아동은 자신이 주도하는 활동과 관련된 정보에 잘 반응한다.

• 자신이 유능하다고 느끼는 아동은 도전적인 활동들에 대해 훨씬 더 오래 참여하려고
  한다.

• 아동이 주도하는 대로 부모가 따라 줄 때 아동은 통제감을 발달시킨다.

● 함께하기: 아동 주도에 따르기

■ 무엇인가?

아동의 활동과 의도를 보충해 주거나, 그에 일치하는 방식으로 반응해 준다. 만일 아동
이 선택한 방식이 아니라면, 굳이 그 장난감이 제조된 원래 목적대로 장난감을 가지고
놀지 않는다.

아동이 현재 가지고 노는 것은 그것이 무엇이든지 간에 그 순간에 아동에게 가장 흥미
로운 것이며, 흥미로운 활동은 아동에게 동기 부여가 잘된다. 아동이 주도하는 대로 부
모가 따라 주는 것은 바로 아동의 관심에 반응하는 것이며, 아동은 이러한 경험을 통해
통제감을 발달시킨다.

■ 왜 중요한가?

아동은 자신이 하는 것과 자신과 상호작용하는 어른에게 주의를 기울인다. 이는 인지학
습을 위한 중요한 선행조건이기도 하다.

부모가 주도하여 아동의 흥미를 압도하고 아동에게 강제로 어렵거나 하기 싫은 활동에
참여하도록 제안할 때 아동은 상호작용에 적극적으로 참여하지 않는다. 부모는 아동이
가장 관심 있어 하고, 아동이 주도하는 활동을 지지함으로써 아동의 주의를 끌 수 있다.

■ 어떻게 하는가?

• 아동과 같은 방식으로 장난감을 가지고 놀이한다.
• 아동과 상호작용할 때 어른은 될 수 있으면 질문 없이 의사소통한다.
• 아동이 반응하지 않는 지시를 반복하지 않는다.
• 아동이 반응하도록 기다려 준다(5초 기다려 주기).

■ 고려 사항

아동이 어리거나 발달이 느리다고 생각될 때, 어른은 아동에게 더욱 지시적이게 되는
주요 이유는 이러한 아동이 부모와 상호작용할 때 느리고 수동적이라는 이유 때문이다.
지시적인 방법을 사용하는 것은 아동이 더욱 활발하게 참여시키도록 촉구하는 전략이
지만, 현실적으로는 비효과적이다. 부모가 아동에게 자주 지시할수록 아동 자신이 흥미
로워하는 것에 참여할 가능성은 적어진다.

■ 일상에서 해 봅시다.

1) 질문 없이 의사소통하기

• 나의 일화: _____

• 언제: _____

• 어디서: _____

• 장해물: _____

2) 아동이 반응할 때까지 기다려 주기(지시를 반복하지 않는다.)

• 나의 일화: _____

• 언제: _____

• 어디서: _____

• 장해물: _____

● 생각하기

• 즉시 훈육하고 위로하기(제9장 참조)

7회기

재미있게 상호작용하기

● **알아보기**

• 함께 활동하는 시간이 길수록 아동의 능력은 더욱 정교화된다.

● **함께하기**

• 일상 중에 재미있게 상호작용하기

● **생각하기**

• 아동의 두려움을 의미 있게 대하기

● 지난주 피드백

• 일상의 어떤 사건에서 적용해 보았나요?

• 어려운 점이 있었나요?

• 그렇게 하는 데 장해가 되는 것이 있나요?

● **알아보기: 함께 활동하는 시간이 길수록 아동의 능력은 더욱 정교화된다.**

- 부모가 재미있어 하며 아동과 활동을 공유하면서 상호작용할 때, 아동은 그 순간에 함께하는 것을 즐기게 된다.
- 부모가 아동에게 재미있는 장난감이 되어 줄 때, 사람과 함께 상호작용하는 것을 좋아하게 되며 관계 맺는 것을 학습하게 된다.
- 아동이 사람들과 함께하는 활동에 오래 참여할수록 아동의 능력은 더욱 정교화된다.
- 부모가 아동이 흥미 있어 하는 것을 허용할 때, 아동은 부모의 요구에 쉽게 순응한다.

● 함께하기: 일상 중 재미있게 상호작용하기

■ 무엇인가?

부모가 재미있어 하며 아동과 활동을 공유하면서 상호작용할 때, 아동은 그 순간에 함께하는 것을 즐기게 된다. 부모가 아동에게 재미있는 장난감이 되어 줄 때, 사람과 함께 상호작용하는 것을 좋아하게 되며 관계 맺는 것을 학습한다. 아동은 정서적으로 반응하는 방법을 부모로부터 배운다. 부모가 어떤 상황에서 어떻게 반응하는가는 아동 자신의 정서적 반응을 이끄는 정보를 제공하는 것이다.

■ 왜 중요한가?

만일 부모가 긍정적으로(**예** 흥미로워하거나 즐거워함) 반응한다면 아동도 종종 그러한 정서로 반응하며 가까이 다가가서는 행동을 하게 된다. 부모가 부정적으로 반응한다면, 아동들은 회피적인 행동을 나타내게 될 것이다. 아동은 스트레스를 받는 시간보다 즐거워하는 시간에 더 오랫동안 집중하고 상호작용 활동에 참여할 수 있다. 아동이 즐거워하는 시간에 아동에게 특정 학습 내용을 더욱 쉽게 가르칠 수 있다.

■ 어떻게 하는가?

• 아동이 조작하고 재미있어 하는 장난감처럼 행동한다.
• 놀이 중에 아동의 행동에 과장된 표정, 소리 또는 행동으로 반응한다.
• 신체적 놀이를 하며 상호작용한다.
• 심각한 상황에서는 간지럼을 태우며 장난스럽게 반응한다.

■ 고려 사항

• 아동이 소란스럽거나 짜증을 내고 화를 낼 때 야단을 치거나 엄하게 겁을 주어 그 상황을 멈추게 하는 것은 일시적으로만 그 상황을 모면할 수 있다.
• 아동의 짜증을 이해하고 달래 주거나 아동이 두려워하는 것을 의미가 있고 적합한 것으로 대해 줄 때 아동은 스스로 자기 조절 능력을 키우게 된다.

■ 일상에서 해 봅시다.

1) 일상을 게임처럼 상호작용하기

• 나의 일화: _____

• 언제: _____

• 어디서: _____

• 장해물: _____

2) 생동감 있게 표현하기

• 나의 일화: _____

• 언제: _____

• 어디서: _____

• 장해물: _____

● 생각하기

• 아동의 두려움을 의미 있게 대하기(제9장 참조)

8회기
확장하기

● 알아보기

• 부모는 아동의 문제 해결사가 아니라 아동의 협력자다.

● 함께하기

• 아동의 의도를 명확히 표현해 주기

● 생각하기

• 불순종을 아동의 선택이나 능력 부족으로 해석하기

● 지난주 피드백

• 일상의 어떤 사건에서 적용해 보았나요?

• 어려운 점이 있었나요?

• 그렇게 하는 데 장해가 되는 것이 있나요?

● **알아보기:**

부모는 아동의 문제 해결자가 아니라 아동의 협력자다.

• 부모가 아동의 협력자가 되어 줄 때 아동은 문제 해결 과정을 잘 지속할 수 있다.

• 부모는 아동의 상대자로서 행동하고 다양한 해결책을 시도하려는 아동의 능력을 격려함으로써 스스로 문제 해결책을 주도하도록 가르친다.

• 아동은 자신의 능력 밖에 있다고 평가하는 과제는 본능적으로 피한다.

● 함께하기: 아동의 의도를 명확히 표현해 주기

■ 무엇인가?

아동은 그 순간에 자신이 경험하는 것과 적합한 단어로 어른이 반응해 줄 때 언어를 가장 잘 배운다. 그 상황에 맞지 않는 생소한 단어를 일부로 제시하여 가르치기보다는 아동이 현재 경험하고 있는 것과 관련된, 즉 아동의 행동, 감정, 그리고 의도에 맞는 단어를 사용하여 표현한다(예 이리 와, 저리 가, 엄마, 개, 그리고 트럭 등).

■ 왜 중요한가?

아동이 일상적으로 하고, 보고, 만지고, 듣고, 또는 느끼는 것과 직접적으로 관련이 있는 한두 단어로 구성된 문장의 모델을 보여 줌으로써 아동이 단어를 보다 빠르게 배우도록 돕는다. 아동이 지각하고 경험하는 것들에 대해 민감하게 관찰하고 아동에게 아동이 경험하는 감정이나 느낌을 단어로 표현해 준다.

■ 어떻게 하는가?

• 아동이 일상에서 하는 부정확한 표현을 아동의 의도대로 표현한다.
• 모든 문장을 다 표현하지 않아도 억양으로 충분히 어른의 의도를 전달할 수 있다.
• 아동의 언어를 늘리기 위해서는 먼저 아동이 많은 발성을 자발적으로 해 주어야 한다.

■ 고려 사항

• 아동이 일상에서 하는 부정확한 표현을 아동의 의도대로 표현해 줄 때 이는 수정의 의미와는 다르다.
• 아동이 정확하게 표현하기에 앞서 먼저 원활한 의사소통과 언어 발달을 위해서는 어떤 발성이든 많이 해 보고 연습이 중요하다.

■ 일상에서 해 봅시다.

1) 아동의 의도를 명확히 표현해 주기

• 나의 일화: _____

• 언제: _____

• 어디서: _____

• 장해물: _____

2) 환경 변화시키기

• 나의 일화: _____

• 언제: _____

• 어디서: _____

• 장해물: _____

● 생각하기

• 불순종을 아동의 선택이나 능력 부족으로 해석하기(제9장 참조)

김영옥(2011). 부모교육. 경기: 공동체.

김정미 역(2008). RT 반응성 교수 교육과정. 서울: 학지사.

김정미 역(2021). RT 반응성 교수 교육과정(수정판). 서울: 학지사.

김정미(2003). 관계 중심적 중재가 아동의 포괄적 발달 행동에 미치는 영향. 한국심리
    학회지: 임상, 22(2), 271-185.

김정미(2009). 부모−아동 상호작용 중심 영유아진단에 관한 연구. 한국유아특수교육
    학회 2009년 추계학술대회.

김정미(2010). 3세와 7세 사이. 서울: 예담프렌드.

김진영, 김정원, 전선옥(2005). 영유아를 위한 부모교육. 서울: 창지사.

박소현, 김문수 공역(2004). 학습과 행동. 서울: 시그마프레스.

송명자(2008). 발달심리학. 서울: 학지사.

심성경, 조순옥, 이정숙, 이춘자, 이선경, 이효숙(2009). 유아교육개론. 서울: 창지사.

오영희, 엄정애(1999). 부모교육. 서울: 동현출판사.

이경희(2002). 아동발달과 부모교육. 경기: 교문사.

장대운(1997). '부모교육학의 본질', 한국부모교육학회 편, 부모교육학. 서울: 교육과
    학사.

정계숙, 문혁준, 김명애, 김혜금, 신희이, 심희옥, 안효진, 양성은, 이희선, 정태회, 제
    경숙, 한세영(2018). 부모교육(제3판). 서울: 창지사.

정옥분(2018). 아동발달의 이해(3판). 서울: 학지사.

한국유아교육학회 편(1996). 유아교육사전. 서울: 한국사전연구사.

Atkinson, J. W. (1964). *An introduction to motivation*. Princeton, NJ: Von Nostrand.

Bates, E., Benigni, L., Bretherton, L., Camaioni, L., & Volterra, V. (1979). *The emergence of symbols: Cognition and communication in infancy*. New York: Academic Press.

Bigner, J. J. (1989). *Parent-child relations: An introduction to parenting*. New York: Macmilian.

Bornstein, M. H., Tamis-LeMonda, C. S., & Haynes, O. M. (1999). First words in the second year: Continuity, stability, and models of concurrent and predictive correspondence in vocabulary and verbal responsiveness across age and context. *Infant Behavior and Development, 22*(1), 65-85.

Bruner, J. (1974). From communication to language: A psychological perspective. *Cognition, 3*, 255-277.

Bruner, J. (1983). *Child talk*. New York: Norton.

Carpenter, M., Nagell, K., & Tomasello, M. (1998). Social cognition, joint attention, and communicative competence from 9 to 15 months of age. *Monographs of the Society for Research in Child Development, 63*(4, V-143).

De Wolff, M. S., & van Ijzendoorn, M. H. (1997). Sensitivity and attachment: A meta-analysis of parental antecedents of infant attachment. *Child Development, 68*(4), 571-591.

Dunst, C., Mahoney, G., & Buchan, K. (1996). Promoting the cognitive competence of young children with or at-risk for developmental disabilities. In S. Odom & M. McLean (Eds.), *Early intervention for infants and young children and their families* (pp. 159-195). Austin, TX: PRO-ED.

Eccles, J. S., Wigfield, A., & Schiefele, U. (1998). Motivation. In W. Damon (Series Ed.) & N. Eisenberg (Vol. Ed.), *Handbook of child psychology: Vol. 4. Social and personality development*. New York: Wiley.

Erikson, E. H. (1963). *Childhood and Society* (2nd ed.). New York: Norton.

Galinsky, E. (2001). What children want from parents-and How teachers can help. *Educational leadership, 58*(7), 24-28.

Girolametto, L., Pearce, P. S., & Weitzman, E. (1996). Interactive focused stimulation for toddlers with expressive vocabulary delays. *Journal of Speech and Hearing Research, 39*(6), 1274-1283.

Greenspan, S., & Wieder, S. (1998). *The child with special needs.* Reading, MA: Addison-Wesley.

Kochanska, G. (1997). Mutually responsive orientation between mothers and their young children: Implications for early socialization. *Child Development, 68,* 94-112.

Kochanska, G. (1998). Mother-child relationship, child fearfulness, and emerging attachment: A short-term longitudinal study. *Developmental Psychology, 34,* 480-490.

Kochanska, G., Forman, D. R., & Coy, K. C. (1999). Implications of the mother-child relationship in infancy for socialization in the second year of life. *Infant Behavior and Development, 22*(2), 249-265.

Koegel, R., Koegel, L. K., & Carter, C. M. (1999). Pivotal teaching interactions for children with autism. *School Psychology Review, 28*(4), 576-594. Baltimore: Brookes.

Lay, K. L., Waters, E., & Park, K. A. (1989). Maternal responsiveness and child compliance: The role of mood as a mediator. *Child Development, 60,* 1405-1411.

Lorenz, K. Z. (1965). *Evolution and the modification of behavior.* Chicago: University of Chicago Press.

MacDonald, J. (1985). Language through conversation: A model for language delayed persons. In A. Rogers-Warren & S. Warren, *Teaching functional language.* Austin, TX PRO-ED.

MacDonald, J. D. (1989). *Becoming partners with children: From play to conversation.* San Antonio, TX: Special Press.

MacDonald, J., & Blott, J. (1974). An experimental parent assisted treatment program for preschool language delayed children. *Journal of Speech and Language Disorders, 39,* 244-266.

MacDonald, J., & Gillette, Y. (1984). Conversational engineering. *Educational Seminars in Speech and Language, 5*(3), 171-183.

Mahoney, G. J. (1988). Communication patterns between mothers and developmentally delayed infants. *First Language, 8*, 157, 172.

Mahoney, G. J. (1999). *Family/Child Curriculum: A Relationship Focused Approach to Parent Education/Early Intervention.* Tallmadge, OH: Family Child Learning Center.

Mahoney, G. J., & Wheeden, C. A. (2000). *Family ties: A preschool parent education program.* Washington, DC: Model Demonstration Project, Office of Special Education Programs, U.S. Department of Education.

Mahoney, G. J., Finger, I., & Powell, A. (1985). Relationship of maternal behavior style to the development of organically impaired mentally retarded infants. *American Journal of Mental Deficiency, 90*, 296-302.

Mahoney, G., & MacDonald, J. (2007). *Autism and developmental delays in young children.* Pro-ed.

Mahoney, G., & Perales, F. (2003). Using relationship-focused intervention to enhance the social-emotional functioning of young children with autism spectrum disorders. *Topics in Early Childhood Special Education, 23*(2), 77-89.

Mahoney, G., & Perales, F. (2019). *Responsive Teaching: Relationship-based developmental intervention.* Lulu publishing services.

Mahoney, G., & Powell, A. (1986). *The transactional intervention program: Teacher's guide.* Farmington, CT: Pediatric Research and Training Center.

Mahoney, G., & Powell, A. (1988). Modifying parent-child interaction: Enhancing the development of handicapped children. *Journal of Special Education, 22*, 82-96.

Mahoney, G., Boyce, G., Fewell, R., Spiker, D., & Wheeden, C. A. (1998). The relationship of parent-child interaction to the effectiveness of early intervention services for at-risk children and children with disabilities. *Topics in Early Childhood Special Education, 18*(1), 5-17.

Mahoney, G., Fors, S., & Wood, S. (1990). Maternal directive behavior revised. *American Journal of Mental Retardation, 94*(4), 398-406.

Mahoney, G., Robinson, C., & Powell, A. (1992). Focusing on parent-child interaction: The bridge to developmentally appropriate practices. *Topics in Early Childhood Special Education, 12*(1), 105-315.

Mangelsdorf, S. C., McHale, J. L., Diener, M., Heim Goldstein, L., & Lehn, L. (2000). Infant attachment: Contributions of infant temperament and maternal characteristics. *Infant Behavior and Development, 23*, 175-196.

McCollum, J. A., Ree, Y., & Chen, Y. (2000). Interpreting Parent-Infant Interactions: Cross-Cultural Lessons. *Infant and young children, 12*, 22-33.

Miserandino, M. (1996). Children who do well in school: Individual differences in perceived competence and autonomy in above-average children. *Journal of Educational Psychology, 88*, 203-214.

Morales, M., Mundy, P., Delgado, C. E. F., Yale, M., Messinger, D., Neal, R., & Schwartz, H. (2000). Responding to joint attention across the 6- through 24-month age period and early language acquisition. *Journal of Applied Developmental Psychology, 21*(3), 283-298.

Phillips, D. A. (1987). Socialization of perceived academic competence among highly competent children. *Child Development, 58*, 1308-1320.

Phillips, D. A., & Zimmerman, M. (1990). The development course of perceived competence and incompetence among competent children. In R. J. Sternberg & J. Kolligian (Eds.), *Competence considered*. New Haven, CT: Yale University Press.

Piaget, J. (1963). *The psychology of intelligence*. Totowa, NJ: Littlefield, Adams.

Rotter, J. B. (1990). Internal versus external control of reinforcement: A case history of a variable. *American Psychologist, 45*(4), 489-493.

Spiker, D., Ferguson, J., & Brooks-Gunn, J. (1993). Enhancing maternal interactive behavior and child social competence in low birth weight, premature infants. *Child Development, 64*, 754-768.

Turnbull, A. P., Turbiville, V., & Turnbull, H. R. (2000). Evolution of family-professional partnerships. In S. J. Meisels (Ed.), *Handbook of early childhood intervention* (2nd ed., pp. 630-650). *New York: Cambridge University Press*.

Vygotsky, L. (1978). *Mind in society*. Cambridge, MA: Harvard University Press.

Weiner, B. (1980). *Human motivation*. New York: Holt, Rinehart & Winston.

인명

부모-아동 반응성 상호작용 중심 RT 부모교육

내용

부모–아동 반응성 상호작용 중심 ⋯ RT 부모교육

저자 소개 _____

김정미(Kim, JeongMee)
(jeongmeex@hanmail.net, http://www.rtinkorea.com)
중앙대학교 심리학과 박사 졸업(발달심리 전공)
미국 Case Western Reserve University, MSASS, doctoral fellow
백석예술대학교 사회복지학부 영유아보육전공 조교수
(주)한솔교육 상무, 한솔교육연구원 원장
현 한국RT센터 대표, 한양대학교 대학원 아동심리치료학과 겸임교수

⟨주요 저서 및 역서⟩
K-CDI 아동발달검사(인사이트, 2010, 2021)
RT 반응성 교수 교육과정(학지사, 2008, 2021)
놀이중심 반응성 상호작용 교수법 1: 이해편(학지사, 2021)
놀이중심 반응성 상호작용 교수법 2: 실제편(학지사, 2021)
발달 레인보우: 연령별 영유아 발달 프로파일(학지사, 2010, 2020)
K-MBRS & K-CBRS 부모–아동 상호작용 행동평가(학지사, 2009, 2021)
아이의 잠재력을 이끄는 반응육아법(한솔수북, 2017)
가르치지 말고 반응하라(한솔수북, 2015)

부모-아동 반응성 상호작용 중심
RT 부모교육
Responsive Teaching Parent Education

2022년 2월 22일 1판 1쇄 인쇄
2022년 2월 28일 1판 1쇄 발행

지은이 • 김정미
펴낸이 • 김진환
펴낸곳 • ㈜ 학지사
　　　　04031 서울특별시 마포구 양화로 15길 20 마인드월드빌딩
대표전화 • 02-330-5114　　팩스 • 02-324-2345
등록번호 • 제313-2006-000265호

홈페이지 • http://www.hakjisa.co.kr
페이스북 • https://www.facebook.com/hakjisabook

ISBN 978-89-997-2626-2　93370

정가 15,000원

출판 · 교육 · 미디어기업 학지사
간호보건의학출판 학지사메디컬 www.hakjisamd.co.kr
심리검사연구소 인싸이트 www.inpsyt.co.kr
학술논문서비스 뉴논문 www.newnonmun.com
교육연수원 카운피아 www.counpia.com